Comment booster son profil sur LinkedIn

Table des matières

I.	Avant-Propos.........	
II.	**LEXIQUE**...................	
	1. NIVEAU..9	
	2. TIMELINE – FIL D'ACTUALITE 10	
	3. RESEAU..11	
	4. POST – ARTICLE 12	
	5. NOTIFICATION 14	
	6. MESSAGERIE...16	
	7. HASHTAG...17	
	8. GROUPES...18	
	9. EMPLOI..19	
III.	**Pourquoi s'inscrire sur LinkedIn..20**	
IV.	**Pourquoi j'ai écrit ce livre...26**	
	1. *Pour ma fille* 27	
	2. *Pour mes étudiants* 29	
	3. *Pour mes collègues*..30	
	4. *Pour mon réseau*...31	
	5. *Pour moi*..33	
V.	**Comment muscler sa jambe droite..35**	
	1. Choisir son titre : Conte, Baron ou Vassal ? 37	
	2. Choisir sa photo de profil : Quoi ma gueule...............................42	
	3. Développer sa photo de couverture...47	
	4. Donner ses coordonnées : Tu veux mon 06 ?..............................52	
	5. Raconter sa vie en résumé 54	
	6. Étaler ses expériences 58	
	7. Vendre ses compétences 60	
	8. Avoir des lettres de recommandation modernes.........................61	
	9. Simplifier votre lien 63	
	10. Choisir ses réalisations 64	
	11. Etre vieille France : orthographe, grammaire, phrases courtes 65	
	12. Choisir le bon hashtag 66	
	13. Résumé des règles d'Or 68	
VI.	**Comment muscler sa jambe gauche...69**	

1.	*Vivez Linkedin : règle des 5*	*70*
2.	*Étendre son réseau : Pécho à 100%*	*73*
3.	*Avoir une bonne timeline (fil d'actualités)*	*77*
4.	*Partager efficacement*	*83*
5.	*Publier*	*86*
6.	*Montrer son envie de changer d'emploi… de manière ciblée*	*95*
VII.	**Comment s'organiser pour booster son profil**	**97**
1.	*Faire le point*	*100*
2.	*Se fixer un cap*	*107*
3.	*Pratiquer le Pomodoro*	*113*
4.	*Visez le Pareto*	*115*
5.	*Développer une habitude*	*117*
6.	*Réviser sa jambe droite*	*120*
VIII.	**Les erreurs à faire pour se crasher**	**122**

I. AVANT-PROPOS

« Bien des autodidactes surpassent largement les diplômés des écoles et des universités les plus réputées. »
Ludwig von Mises, économiste australien

QUI
Qui suis-je pour écrire un livre sur LinkedIn ?
Peut-être faut-il commencer par ce que je ne suis pas.

Je ne suis pas formateur en réseau sociaux. Je ne dispense pas de formation sur le sujet en école ou en entreprise, même si je trouve l'idée séduisante. Donc je préfère changer le texte en disant que je ne dispense pas encore de formation.

Je ne suis pas un professionnel du social marketing mais j'ai quelques expériences intéressantes.
En effet, j'ai un compte Facebook. Mais je préfère Instagram sur lequel je partage ma passion de la course à pied. Et j'anime un blog WordPress Objectif-Running.com (https://objectif-running.com/) où je partage des conseils, des récits de course et des résumés de livre sur la course à pied.

SUPER CV
Concernant LinkedIn, j'y suis depuis longtemps parce qu'il faut y être visible d'un point de vue professionnel.
Et en fin de compte, je m'y suis mis progressivement.

Comme beaucoup d'utilisateurs LinkedIn, au début, il s'agit de mettre un reflet de soi en se basant sur son CV.

Et souvent, on en reste là.

LA MACHINE INFERNALE

Sauf que LinkedIn est une machine infernale.
Surtout lorsque vous êtes en recherche active d'une nouvelle opportunité professionnelle.

A ce moment-là, vous programmez des alertes pour recevoir des offres d'emploi. Ce qui vous amène à consulter de plus en plus LinkedIn.

Un jour, vous vous rendez compte de la puissance de cet outil, puisqu'un recruteur inconnu vous contacte pour une super opportunité professionnelle !

Alors, vous vous dites que ça vaut peut-être le coup de prendre LinkedIn au sérieux. Par rapport à Facebook, LinkedIn peut vraiment impacter votre vie, puisque votre vie professionnelle peut réellement changer du jour au lendemain.

C'est ce que j'ai vécu.
Et en parallèle, mon réseau sur LinkedIn augmentait progressivement et régulièrement.

En plus, il y a des personnes qui publient des informations intéressantes.

J'ai passé une étape supérieure quand j'ai commencé à diffuser des articles et des posts sur LinkedIn.

Certains ont eu de jolis succès d'audience.

LA THEORIE DES CLOISONS AMOVIBLES
J'en ai profité pour appliquer ce que j'appelle la théorie des cloisons amovibles.

Qu'est-ce que c'est la théorie des cloisons amovibles ?

Dans la vie, nous évoluons entre différentes sphères. Il y en a trois :
- La sphère familiale
- La sphère professionnelle

- La sphère personnelle

La sphère familiale concerne le foyer, la famille et les amis. C'est souvent intime même si certains n'hésitent pas à partager des moments privés sur Instagram ou Facebook.

La sphère professionnelle concerne tout ce qui touche au travail.

La sphère personnelle englobe les passions. Loisirs sportifs ou culturels.

Pour avoir une vie équilibrée, c'est bien de développer les trois sphères sinon un manque apparaît à un moment.

Pour le comprendre, imaginez un homme qui privilégie son travail aux dépens de la recherche de sa moitié et donc de la construction d'un foyer. Il a de grandes chances d'avoir des regrets de ne jamais avoir d'enfants et de finir sa vie seul, non ?

Tout comme il est inimaginable de ne penser qu'à ses loisirs au risque de mettre sa situation familiale en difficulté et son travail en péril.
C'est l'exemple du triathlète qui passe son temps à s'entraîner et qui dépense tout son argent dans sa passion. C'est déjà arrivé !

Donc, il est raisonnable de développer les trois sphères.

Et beaucoup d'entre nous construisent des barrières, voire des murs entre ces sphères. Un peu comme s'il s'agissait de trois vies différentes.

Il peut simplement s'agir de pudeur mais aussi de la peur d'être jugé. Peur du « qu'en dira-t-on ? »

Et pourtant, en prenant du recul, on s'aperçoit que ces trois sphères sont interdépendantes.

Si on est en difficulté dans une des sphères, la situation dans les deux autres permet généralement de passer ce mauvais moment.

Et lorsqu'on observe une progression positive dans une des sphères, il suffit de prendre cinq minutes pour s'apercevoir que c'est la conséquence des bonnes choses récoltées dans les autres sphères.
Autrement dit, les sphères se nourrissent les unes les autres.

C'est pour cela qu'il ne faut pas mettre de mur entre ses sphères, mais des cloisons amovibles.
En fonction des circonstances, il faut partager des choses.

Naturellement, on le fait au travail lorsqu'on parle avec ses collègues de sa famille ou de ses loisirs.

Sur un réseau social où on s'expose à tout le monde, notre nature doit nous pousser à la prudence, ou à la timidité.

Mais pour faire décoller son profil sur LinkedIn, je conseille de se faire violence et d'appliquer la théorie des cloisons amovibles.

MA LIFE
Voici mon expérience.

Pendant longtemps, je mettais une barrière entre ma vie professionnelle et mon loisir principal, la course à pied.

A partir du moment où je développai mon blog et que je voyais tout ce que cette passion pouvait m'apporter en termes de développement personnel, j'ai décidé de pousser la « cloison amovible » entre ma sphère personnelle et ma sphère professionnelle.

En effet, je pouvais partager des choses intéressantes sur LinkedIn.

Alors pourquoi m'en priver ? La peur qu'on se moque de moi ?

Je suis doté d'un bon sens d'autodérision. Et en analysant mon statut de coureur à pied, il apparait que je ne suis ni un Kényan blanc, ni un champion, mais le nombre de marathons et d'ultra-marathons courus me place au-dessus de la moyenne. Donc banco !

De plus, la course à pied est un sport pratiqué par un grand nombre d'amateurs et souvent de catégorie socio-professionnelle élevée. Ce qui colle bien avec LinkedIn.

AUTODIDACTE

Donc au final, si je ne suis pas un expert, je suis tout de même un utilisateur éclairé de LinkedIn. Un autodidacte.

Et comme je l'explique plus loin dans ce livre, j'ai observé l'intérêt que les personnes ont pour LinkedIn. Seulement, elles ne connaissent pas les bonnes pratiques et agissent plus en suivant leur intuition.

Il suffit juste de leur expliquer pour les éclairer. C'est la mission que je me suis donnée avec ce livre. Bonne lecture et surtout bon succès dans l'application de la méthode et des conseils suivants…

II. LEXIQUE

« Des mots, des mots, des mots ! »
Hamlet. Acte II, scène 2 - William Shakespeare

1. NIVEAU

Lorsque vous regardez le profil d'un autre utilisateur de LinkedIn, vous allez pouvoir lire cette étrange mention : relation de niveau 1, ou de niveau 2, ou encore de niveau 3.

Ne cherchez pas de mention intitulée de niveau 4, il n'y en a pas.

Qu'est-ce que cela signifie ?
Une relation de niveau 1 signifie un contact qui est dans votre réseau. Vous êtes connecté directement parce lui ou vous, a envoyé une invitation qui a été acceptée.

Et à ce moment-là, vous pouvez entrer en relation avec tous ses contacts de niveau 1. Ils apparaîtront donc à vos yeux comme des relations de niveau 2.

Et les relations directes de ces relations de niveau 2 apparaîtront à vos yeux comme des relations de niveau 3. Autrement dit, les amis de mes amis sont mes amis !

Quel est l'avantage que vous pouvez en tirer ?
Entrer en contact via la messagerie.

Ce qui signifie qu'il est impossible d'envoyer un message à une personne qui n'est pas une relation de niveau 1.

Si vous voulez absolument écrire à une personne qui n'est pas dans vos contacts, comment faire ?
Soit envoyer un Inmail en payant LinkedIn.
Soit envoyer une invitation personnalisée pour demander à la personne de rejoindre son réseau.
Nous verrons comment faire plus loin dans le livre.

2. TIMELINE – FIL D'ACTUALITE

Lorsque vous êtes sur LinkedIn et que vous cliquez sur accueil avec l'icône de la maison, alors, vous atterrissez sur votre fil d'actualité, la timeline.

Vous pouvez y lire des posts et articles d'autres utilisateurs et des posts sponsorisés, autrement dit, de la publicité.

Ces posts qui vous sont présentés sont choisis par l'algorithme de LinkedIn.

Nous verrons dans ce livre comment il s'y prend.

Mais pour le moment, il suffit de savoir que cette timeline existe.

Vous pouvez la faire défiler pour sélectionner et lire les informations qui vous plaisent le plus ou visionner des vidéos.

Et il est possible de rafraîchir la liste afin de voir des posts plus récents.

Si vous ne voyez plus les posts d'un de vos contacts, voici une astuce.

Il suffit d'aller chercher le profil de votre contact dans vos relations et de consulter son profil.

Ce regain d'intérêt va indiquer à l'algorithme de LinkedIn que vous souhaitez connaître l'actualité de ce contact et ses posts vont réapparaitre dans votre timeline.

3. RESEAU

Le réseau est tout simplement le nombre de relations, de contacts de niveau 1 que vous avez.

LinkedIn indique le nombre de relations de chaque utilisateur dans le titre du profil.

Passé 500 contacts, LinkedIn n'indique plus la donnée exacte mais juste la mention +500 relations.

Pour connaître votre nombre exact, il faut cliquer sur Réseau avec l'icône de silhouettes et ensuite gérer mon réseau.

Pour voir le détail de vos contacts, cliquer sur Relations et vous accédez à la liste.

C'est alors possible de sélectionner un contact pour lui écrire ou bannir une relation en la retirant de votre réseau !

Lorsque vous consultez la liste de vos relations, vous pouvez les classer selon 3 filtres :
- Prénom
- Nom
- Ajouts récents

4. POST – ARTICLE

Il existe quelques différences entre les deux.

Un post est limité en nombre de caractère, ce qui impose de résumer et de condenser ce que vous avez à dire. C'est un exercice intéressant qui pousse à être synthétique.

Donc si vous voulez développer un texte avec des arguments, il faut mieux publier un article.

Lorsque je conseille un livre, j'ai remarqué aussi qu'un article permet d'inclure un lien hypertexte qui permet de renvoyer vers Amazon, mais pas un post.

Un post ou article peuvent être constitué de texte seulement, de texte avec photo, de vidéo et de texte avec un lien vers un blog ou une autre page internet.

Les experts disent que LinkedIn n'aime pas les articles et posts avec un lien externe parce qu'il n'aime pas que les utilisateurs puissent quitter LinkedIn.
C'est logique, car plus vous passez de temps sur LinkedIn, plus il a de temps d'exposition aux publicités.

J'ai donc réalisé une expérience avec le même texte mais en publiant trois versions de posts en même temps :
- Un texte seul
- Un texte avec photo
- Un texte avec lien vers mon site

Et au final, c'est le post avec le lien vers mon site internet qui a fait le plus de vues.

Lorsque j'ai fait cette expérience, j'étais gêné à l'idée que mon réseau voit trois fois la même information.

Je me suis dit qu'ils penseraient que j'étais tombé sur la tête.
Mais j'ai lu que l'algorithme de LinkedIn ferait bien les choses en ne diffusant qu'une fois le post à chacun de mes contacts.
Et à l'usage, cela s'est révélé… faux !

Pour l'expérience, j'avais demandé à des collègues de me dire quel type de post, ils avaient vu sur leur fil d'actualité.
Et ils ont vu les trois !
Je suis donc passé pour quelqu'un qui radotait !
Mais c'était pour le bien de la science !

Pour terminer, je m'aperçois à l'expérience, que les posts font plus d'audience que les articles. Dorénavant, c'est pour cela que je publie aussi un post en parallèle, qui annonce la publication de mes articles.

5. NOTIFICATION

C'est un grand classique.

Sur l'écran de votre smartphone, un numéro apparait dans le coin supérieur droit de l'icône de l'appli LinkedIn.

Cela signifie que vous avez une ou plusieurs notifications en attente.

Il peut s'agir de plusieurs types d'informations :
- Quelqu'un a visité votre profil. Si c'est en mode privé, il se peut que ce soit un recruteur !
- Vous avez une alerte emploi. LinkedIn a repéré des annonces qui pourraient vous intéresser.
- Quelqu'un a lu votre post et l'a aimé
- Quelqu'un a lu votre post et a fait un commentaire.
- C'est le moment de souhaiter bon anniversaire à un membre de votre réseau.
- Un membre de votre réseau a réalisé une action sur LinkedIn, qui pourrait vous intéresser : par exemple, untel a republié un post…

Pour aller consulter les notifications, il suffit de cliquer sur la petite cloche.

C'est un outil magnétique, c'est-à-dire qu'il vous attire.

En effet, combien de temps résistez-vous à l'appel lorsque vous avez vu qu'un message vous attend ?

C'est comme pour les fenêtres pop-up qui annoncent l'arrivée d'un mail.

On n'a qu'une envie : aller ouvrir le message, n'est-ce-pas ?

LinkedIn, c'est comme les mails, pour ne pas devenir esclave, prenez le contrôle et décidez consciemment des moments de la journée où vous allez consulter vos notifications.

6. MESSAGERIE

Une fois que vous êtes en contact avec quelqu'un, vous pouvez lui écrire un message.

Rien de sorcier, ni de particulier. C'est comme un mail professionnel. Même style, même ton et même formule de politesse.

C'est pratique, cela permet de garder contact et de prendre des nouvelles avec d'anciens collègues par exemple.

7. HASHTAG

Le nom hashtag vient du symbole suivant : #.
On prend ce symbole auquel, on ajoute un mot.

Par exemple : #emploi

Et lorsqu'on fait une recherche sur ce hashtag, LinkedIn est capable de retrouver tous les endroits où il y a ce hashtag.

Un hashtag, c'est comme si on collait une vignette, un repère, une étiquette.

On peut placer un hashtag dans la signature d'un article ou d'un post pour renseigner les personnes que cet article a un rapport avec le sujet en question : par exemple :
#développement personnel.

Comme vous le voyez avec l'exemple ci-dessus, on colle tous les mots d'une expression clé. Pas d'espace !

On le verra plus loin, mais il faut ajouter un hashtag dans le titre de son profil car certains recruteurs utilisent ce filtre de recherche.

Attention, un hashtag est spécifique à l'orthographe et différencie des mots en français des mots anglais. Donc si vous indiquer #safety, il faudra aussi ajouter #santéautravail par exemple.

8. GROUPES

Il y deux utilisations possibles de groupes

D'abord concernant la messagerie, c'est possible de sélectionner plusieurs destinataires à un message.

Pour cela, il suffit de cliquer sur l'icône des silhouettes munie d'un +.

Ensuite, vous pouvez aussi décider d'appartenir à un groupe.
Il s'agit d'un cercle de membres qui partagent un passé commun comme l'appartenance à une école par exemple, ou un intérêt pour un sujet comme la sécurité au travail pour ce qui me concerne.

En consultant les posts du groupe, on trouve directement des informations utiles.

Par contre, LinkedIn doit s'améliorer pour viser ce que fait Facebook avec les groupes car cela manque d'interactivité.

C'est-à-dire qu'actuellement, c'est à vous d'aller consulter l'actualité du groupe. En effet, vous ne recevez pas d'information automatique sur la vie du groupe.

Mais cela peut évoluer avec les prochaines mises à jour de LinkedIn, sait-on jamais…

9. EMPLOI

Sous l'icône de la petite valise, se trouve l'intitulé Offres d'emploi.

Une fois qu'on a cliqué, on trouve un moteur de recherche classique d'offres d'emploi avec la possibilité de sélectionner un poste ou une entreprise, un lieu.

On peut aussi programmer des alertes automatiques qui vous préviennent des nouvelles offres d'emploi intéressantes pour vous.

Attention, je vous préviens que c'est une machine infernale lorsque vous êtes tenté de changer d'employeur, et même si… vous ne l'êtes pas !

En effet, pourquoi passer à côté d'une belle opportunité professionnelle ? Et puis tant que je n'ai rien signé, je ne suis pas parti…

Avec ce genre de pensées soufflées par votre esprit, vous risquez fort de mettre le doigt dans l'engrenage du parcours pour un nouveau poste.

Attention, quelque fois, ça fonctionne !

III. POURQUOI S'INSCRIRE SUR LINKEDIN

« Si vous avez du talent, il se montrera un jour ou l'autre : rien ne sert de cacher la lumière sous un abat-jour. »
Groucho Marx, comédien

UN RESEAU PROFESSIONNEL

LinkedIn est un réseau social qui s'intéresse à la sphère professionnelle.

Il permet de trouver un emploi, se faire « chasser », ou faire connaître et vendre ses activités.

Pour trouver un emploi, on va utiliser l'application comme n'importe quel site de recherche d'emploi en précisant la fonction et le lieu par exemples.

Et on peut aussi programmer une alerte emploi qui vous sera envoyée sous forme de notification et par mail.

Pour les candidatures spontanées, c'est le moyen de contacter directement la bonne personne à la bonne fonction et au bon endroit. Par exemple, nombre d'étudiants m'envoient leur demande de stage après m'avoir invité en contact.

Pour se faire chasser, l'utilisateur va compléter son profil. Pour simplifier, nous pouvons dire qu'un profil a l'allure d'un CV, mais nous verrons plus loin dans ce livre que nous pouvons faire plus et mieux qu'un simple résumé de carrière.

AVATAR

De prime abord, cela semble facile. Mais il y a quelques astuces à connaître pour réaliser un bon profil car l'enfer se cache souvent dans les détails. Et il faut avoir conscience que vous allez transcrire dans LinkedIn un véritable double de vous.

En effet, LinkedIn vous offre plus qu'une simple vitrine de votre carrière professionnelle.

A partir du moment où vous publiez votre profil, vous donnez naissance à votre avatar.

Et cet avatar est présent et visible 7 jours sur 7, 24 heures sur 24.

Si votre avatar ne reflète pas votre réelle personnalité et compétences, vous serez démasqué. Car si un illustre inconnu peut voir

votre profil, pensez que vos collègues, votre employeur aussi !
Alors attention à rester juste pour ne pas être taxé de mythomane.

De même si vous voulez changer d'emploi, il ne vous viendrait pas à l'idée de le crier sur les toits. Et pourtant c'est que vous pourriez faire si vous paramétrez mal votre profil pour montrer aux chasseurs de tête que vous êtes à l'écoute du marché. Nous verrons cela plus loin dans ce livre.

PROFIL ENTREPRENEUR
LinkedIn concerne aussi des entrepreneurs qui ne souhaitent ni changer d'emploi, ni se faire chasser.
Bien entendu, ces personnes vont dessiner un autre type de profil en montrant toutes leurs compétences et les solutions qu'ils peuvent apporter à des clients.

Par exemple, étant Responsable HSE (Hygiène Sécurité Environnement), il m'arrive d'être contacté régulièrement par des vendeurs d'EPI (Equipement de Protection Individuelle) ou des prestataires de formations.

Pour les entrepreneurs, LinkedIn est aussi un moyen de publicité facile. En effet, il suffit de poster régulièrement des articles de qualité pour apparaître sur le fil d'actualité (la timeline) des utilisateurs.
Par exemple, j'adore les posts humoristiques de la société de communication en sécurité : Graphito. Le fait de voir régulièrement le nom de cette société entretient son souvenir et nul doute qu'en cas de besoin d'outils de communication sécurité, j'irai consulter leurs produits.

CHIFFRES
Puisqu'on parle de portée publique, parlons de chiffres… (source : linkinfluent.com/chiffres-cles-linkedin/)

LinkedIn est né en 2003.
En 2019, il recense 660 millions de membres dans le monde, dont 19 millions (3 millions de plus qu'en 2018) de membres en France, soit 64% de la population active. Plus de 2 nouveaux inscrits par seconde !

Conclusion, aujourd'hui, si vous n'êtes pas sur LinkedIn, c'est anormal. Cela peut même paraître louche. Y compris si vous êtes dirigeant d'entreprise et que vous ne souhaitez pas être chassé ou que vous n'êtes pas fan des réseaux sociaux.

En effet, lorsqu'une personne veut en savoir un peu sur vous, elle va d'abord vous rechercher sur Google. Et c'est votre profil LinkedIn qui va apparaître.

Cette recherche peut aussi se faire directement dans LinkedIn. Et c'est très facile d'aboutir à sa recherche.

Donc j'insiste, si vous êtes absent sur LinkedIn, vous êtes invisible, donc louche.

PORTRAIT TYPE
Voici maintenant le type d'utilisateur moyen sur LinkedIn.
L'utilisateur type est à 55% un homme et 45% une femme, âgé en moyenne de 44 ans. Il passe 17 minutes en moyenne par mois sur le réseau. Il est à 30% américain et donc, à 70% citoyen du monde hors USA.

Et il existe la règle des 1/9/90.
En fin de compte, il y a trois types d'utilisateurs de LinkedIn :
- 1% produisent du contenu. Ils écrivent des posts et des articles
- 9% interagissent en likant, en commentant ou en partageant
- 90% sont silencieux et se contentent de lire.

Sur LinkedIn, il y a aussi des profils d'entreprises. L'intérêt pour ces entreprises est d'utiliser LinkedIn comme un blog.

Et dans un contexte concurrentiel pour attirer les talents vers son entreprise, nombre de sociétés développent un profil LinkedIn pour montrer leur dynamisme, la qualité de vie au travail au sein de l'entreprise, les succès engendrés, les offres d'emploi… bref leurs actualités.

C'est rapide, pas cher et facile à faire. En plus, le contenu est maîtrisé à 100% par la société à la différence de la publication d'un article dans la presse professionnelle. D'où une audience démultipliée, car la portée est publique et non réservé à un nombre restreint d'abonnés.
Certaines boîtes confient la responsabilité de l'animation LinkedIn à un expert dénommé community manager, qui aura certainement en charge l'animation sur les autres réseaux sociaux : Instagram, Pinterest, Facebook, Twitter.

En 2019, on recense 30 millions d'entreprises inscrites. Et il est très facile pour un membre, de choisir l'actu des entreprises qu'il souhaite suivre en le paramétrant dans son application.

Vous avez compris que LinkedIn est tout simplement le leader des réseaux sociaux professionnels. Il n'est pas le leader des réseaux sociaux puisque Facebook compte encore plus d'utilisateurs au monde, mais Facebook n'a pas la même utilité que LinkedIn.
Tout comme Twitter et Instagram.

LOGO
Je m'interroge toujours sur la signification des mots et des symboles. Alors voici ce que j'ai trouvé sur LinkedIn.

LinkedIn est né aux Etats-Unis et son mot symbole est l'assemblage de deux mots anglais « Linked » et « In ». En français, cela donne « lié dans », ce qui ne signifie pas grand-chose.
Il faut donc plutôt comprendre « lié ensemble ».

Le logo se caractérise par un In blanc sur fond bleu. Le bleu étant la couleur de l'intelligence, de l'intégrité et de la confiance. C'est une couleur souvent utilisée pour vendre des produits nouveaux et novateurs. Facebook et Twitter l'utilisent également dans leur logo.

Comme je le disais au début, il est important de bien paramétrer son profil LinkedIn. Et comme l'application offre de multiples variables, il est important d'apprendre leurs significations et leurs intérêts.

LES DEUX JAMBES LINKEDIN
Pour avancer, je dirais presque pour courir, il faut deux jambes. Deux jambes musclées !

En effet, quand je parle de booster votre profil, cela signifie que vous allez rejoindre le club des 1% d'utilisateurs actifs de LinkedIn.

Il faut donc développer ces deux jambes.
La droite, c'est celle qui constitue le profil. Un profil solide qui tient la route ! Un profil qui suscite l'intérêt. Un profil sur lequel, on a envie de s'arrêter et envie d'en savoir plus.

Et la gauche, c'est celle qui permet de devenir un champion. D'être actif en publiant du contenu intéressant.

Lorsque vous avez développé ces deux jambes, vous êtes un athlète de LinkedIn et votre influence va aller crescendo.

Par conséquent, vous vous démarquez en devenant de plus en plus visible.

IV. POURQUOI J'AI ECRIT CE LIVRE

« Vous obtiendrez tout ce que vous voulez dans la vie à condition d'être d'abord prêt à aider assez de gens à obtenir tout ce qu'ils veulent. »
Zig Ziglar, auteur américain

1. POUR MA FILLE

« Mieux vaut transmettre un art à son fils que de lui léguer mille pièces d'or. »
Proverbe chinois

Quand ma fille Adélie a démarré son cycle ingénieur, elle est rentrée un beau jour à la maison toute affolée :
- « Papa, je dois ouvrir un compte LinkedIn, je ne sais pas comment faire ? Enfin, si je sais ouvrir un compte, mais qu'est-ce que je mets ? En plus je n'ai pas d'expérience, alors qu'est-ce que je raconte ?»

Bon, d'accord ! Alors par quoi commencer ?
Quels sont les basiques ?

Il y a tellement de choses à dire quand on part d'une page blanche !

Au départ, il faut partir du besoin. Pourquoi l'école demande cela ? Qu'est-ce qu'ils veulent valoriser chez leurs étudiants ?

Toujours partir du besoin. Pourquoi est-ce qu'on veut faire cette action ? Vers quoi veut-on aller ?

Car même avec un profil étudiant, on peut valoriser des fonctions provisoires dans lesquelles on évolue comme membre d'un BDE ou d'une junior entreprise, ce qui est le cas pour ma fille.

Alors, nous voilà partis dans quelques explications et cela finit par faire l'affaire.
Mais suite à ce je savais et ce que j'ai appris sur LinkedIn, je me suis dit que nous pouvions aller plus loin.

Donc j'ai décidé d'écrire en premier ce livre pour elle et je lui dédierai même le premier livre édité.

Ensuite, elle n'aura qu'à suivre les différentes étapes comme un mode d'emploi.

J'espère qu'elle le fera et je souhaite qu'elle soit ma première critique, ce qui me permettra d'améliorer les versions futures de ce livre.

2. POUR MES ETUDIANTS

« Enseigner, ce n'est pas remplir un vase, c'est allumer un feu. »
Aristophane

Depuis 2011, j'interviens à Polytech Lille pour livrer une vingtaine d'heures d'enseignements en santé sécurité et environnement.

En vingt heures, il ne s'agit pas d'en faire des responsables HSE, mais plutôt de donner à ces futurs managers quelques ficelles et conseils pour gérer leurs futures équipes.

Il s'agit en effet de semer une graine.

Chaque année, je vois donc défiler quelques dizaines d'élèves ingénieurs et LinkedIn est l'occasion de conserver le contact avec certains.

Ceci nous a déjà permis d'échanger au sujet de stages en entreprises.

Et surtout, cela me permet de suivre l'évolution de leur carrière professionnelle.

En tant que « Professeur », je considère que mon rôle ne se limite pas à ces quelques heures de cours et tous les conseils que je peux dispenser sur LinkedIn pourraient aussi leur être utiles.

C'est pourquoi, je pense également à eux en écrivant ces lignes.

Et pour ceux qui sont en contact avec moi sur LinkedIn, je ne manquerai pas de les informer de l'existence de cet ouvrage et des bénéfices qu'ils peuvent en retirer.

Le but est de permettre à ceux qui appliquent les conseils de ce livre d'avoir un profil LinkedIn qui se démarque…

3. POUR MES COLLEGUES

« Ecrire, pourquoi ? Ecrire pour qui ? Est-ce vraiment si important ? Ecrire l'activité des insectes que nous sommes ! »
Normand Rousseau

Je me suis rendu compte de l'intérêt de LinkedIn en discutant avec des collègues.

En effet, j'ai été invité à un Afterwork par la société Keycoopt sur l'utilisation de LinkedIn.

Et j'y ai appris pleins de choses.

Lors de la pause déjeuner du lendemain, je raconte mon expérience de la veille au soir à mes collègues de service.

Déjà pendant mon récit, je vois que cela suscite une oreille attentive.

Et ne pouvant pas tout expliquer, je m'engage même à prolonger la séance plus tard.

En fait, comme nombre d'action qu'on repousse à plus tard, nous n'avons pas fait cette session.

Donc, ce livre, c'est l'occasion de réparer ce manque.

4. POUR MON RESEAU

« Vous êtes ce que vous partagez »
Charles Webster Leadbeater

Comme je le dis et répète, LinkedIn, c'est une plateforme de partage avec des personnes que je n'aurai jamais eu la chance de croiser physiquement dans la vraie vie.

Par conséquent, suite à mon expérience d'Afterworks sur LinkedIn et l'intérêt suscité sur mes collègues, j'ai eu l'idée de faire un post en partageant une astuce.

Et quelle n'a pas été ma surprise quand j'ai vu l'audience grimper en flèche.

J'ai donc écrit un deuxième post avec une nouvelle astuce et… *bis repetita*.

Alors je me suis dit qu'il y avait quelque chose à faire.
Je pouvais continuer à écrire des post séparés sur le sujet, mais les posts ont une durée d'exposition limité.

Comme j'ai déjà publié un livre via la plateforme Kindle d'Amazon, j'ai décidé de tout regrouper dans un seul et unique document.

Ce document, c'est le cœur de ce livre.

Et j'en ai profité pour l'enrober de compléments afin d'aller plus loin.

Car une liste de conseils, c'est bien, mais un mode d'emploi pour appliquer ces conseils, c'est mieux !

Et j'ai agrémenté ici ou là, le récit, de quelques histoires ou anecdotes personnelles afin de rendre le tout vivant.

Ce qui permet d'avoir un résultat dont je suis fier. Fier de partager avec mon réseau.

Il y a donc quelques mentions de mon activité professionnelle, et aussi de mon vécu sur LinkedIn.

Car c'est là l'intérêt de ce livre, ce n'est pas le livre d'un expert, mais d'un utilisateur qui est à votre place.

Cet utilisateur a juste défriché le terrain pour vous faire gagner du temps et éviter des erreurs grossières qui peuvent entacher votre réputation.

5. POUR MOI

« Puisque ceci est une page blanche, pourquoi ne pas y écrire un mot ? »
Victor Hugo

Vous connaissez le fameux proverbe : « les cordonniers sont souvent les plus mal chaussés »

Eh bien, j'ai voulu faire mentir cette vérité !

Et pour y arriver, j'ai d'abord besoin de mettre au clair les conseils LinkedIn que j'ai reçu, ceux que j'ai lu et les résultats de mes expériences.

Pourquoi ?
Parce que je suis un homme et que je ne fais pas confiance à ma mémoire.
« Avec le temps, va, tout s'en va… » Comme le chantait Léo Ferré.

Ensuite, je fais confiance à la puissance de l'engagement public.

L'engagement public, c'est lorsqu'une personne au sein d'un groupe annonce clairement ce qu'elle va faire.
Il a été montré que les personnes qui s'engagent en public, réalisent les actions promises.

C'est un outil puissant de management.
Tout l'art consiste pour un manager à mener chaque personne de son équipe à prendre acte publiquement devant les autres pour arriver à ses fins.

En ce qui me concerne, en écrivant que je dois appliquer la méthode et les conseils qui vont suivre dans ce livre, cela revient à prendre publiquement cet engagement.

C'est une façon de me forcer la main.

Mais en même temps, je n'ai pas trop le choix.

Imaginez que mon profil ne montre aucune photo alors qu'il s'agit d'un des tous premiers conseils à suivre, alors, vous allez émettre quelques doutes justifiés, non ?

Rassurez-vous, je suis le premier convaincu de ce que j'écris dans les pages qui suivent et du pouvoir que cela va donner à votre profil.

Etant un fervent utilisateur de LinkedIn, je serai en plus bien idiot de ne pas appliquer ces bonnes pratiques.

Alors, maintenant, passons à la suite et voyons comment muscler ses deux jambes pour devenir un champion de LinkedIn.

Ou pour reprendre l'image de la fusée, voyons comment construire deux vrais boosters. Un à droite et un à gauche.

V. COMMENT MUSCLER SA JAMBE DROITE

« Nos doutes sont des traîtres et c'est parce qu'ils engendrent en nous la crainte d'entreprendre qu'ils nous font perdre le bénéfice des victoires. »
William Shakespeare

PARLER DE SOI
Pour réussir sur LinkedIn, il va falloir laisser tomber votre timidité et vous livrer un peu.
Et ne vous torturez pas avec de multiples questions et des doutes. A un moment, il faut y aller et se jeter à l'eau…

Mais c'est vrai que ce n'est pas facile de parler de soi.
Donc je partage avec vous une astuce.

Voici quelques années, j'étais en lice pour un nouveau poste et j'ai suivi le parcours du combattant imposé par le cabinet de recrutement. Et dans ce parcours, je devais remplir un tableau Excel sur mon parcours, mes succès professionnels, mes qualités, mes défauts, *et cætera* …

Mais il y avait une astuce : il fallait parler de soi à la troisième personne du singulier !
Bien que déroutant au départ, cette façon de faire permet de prendre du recul et d'être beaucoup plus prolixe.

Donc voilà ce qu'il va falloir faire dans cette partie. Prendre du recul sur votre parcours et montrer le meilleur de vous-même car vous êtes… à vendre !

Oui, c'est vous le produit ! Il faut donc montrer en quoi vous êtes exceptionnel !

Surtout qu'en publiant votre profil sur LinkedIn, vous créez un double de vous.

Il s'agit d'un avatar. Alors cet avatar doit être réussi.

Car songez qu'à la différence de vous, cet avatar est présent sur le plus grand annuaire professionnel du monde et est disponible 24 heures sur 24 et 7 jours sur 7.

Pendant que vous dormez, lui continue à être éveillé.

SE VENDRE
Mais attention, ce n'est pas parce qu'on publie quelque chose sur Internet, qu'on est vu par tout le monde.

On est visible mais pas vu. La nuance est importante.

Pour être vu, il faut amener du monde devant soi. Donc, il faut attirer du monde !

Dans les parties suivantes, nous allons découvrir les secrets pour rendre votre profil « sexy » ou plutôt vendeur et attirer un maximum de personnes.

1. CHOISIR SON TITRE : CONTE, BARON OU VASSAL ?

« Chaque jour, à chaque moment, je dois décider de ce que je vais faire le moment d'après, et personne ne peut prendre cette décision à ma place. »
José Ortega Y Gasset, philosophe et écrivain espagnol

REUSSIR SON ENTREE
Lorsque vous remplissez la partie introduction, LinkedIn vous guide.
Les champs « Nom » et « Prénom » devraient être à la portée de tout de le monde.

Là où il faut faire la différence, c'est le champ « Titre ».

Votre Nom, Prénom et ce champ apparaissent en premier lorsque quelqu'un consulte votre profil.

Alors, il faut frapper fort d'entrée.
D'abord, comme LinkedIn est un réseau professionnel, il faut annoncer quelle profession vous occupez 218 jours par an en prenant le titre le plus connu par la majorité.
Par exemple, dans mon cas, lorsque j'étais chez Heinz, mon titre était ORM. Kézako ? Operational Risk Manager.
Et que croyez-vous que je mettais sur LinkedIn ? Eh bien, je mettais plutôt le titre plus connu de Responsable HSE. HSE signifiant Hygiène Sécurité Environnement.
Au passage, j'en profite pour insister qu'Hygiène est la traduction de l'anglais Heath, soit Santé. Donc rien à voir avec le nettoyage des locaux et vêtements de travail.
J'en profite donc pour donner un conseil aux Responsables HSE en quête d'un nouveau poste : fuyez les annonces qui vont faire de vous le Monsieur Propre du site ! A moins que vous ne

soyez chauve et que vous développiez une certaine appétence pour le sujet bien sûr !

Et voici le premier conseil qui vaut de l'or.
Ne vous arrêtez pas là !

Il faut compléter le Titre.
Différentes options :
- Vous êtes à la recherche d'un nouvel emploi
- Vous êtes en poste
- Vous voulez présentez une autre facette de votre personnalité
- L'Hashtag

A LA RECHERCHE D'UN NOUVEL EMPLOI
Vous êtes à la recherche d'un stage ou d'un emploi, alors, il faut le spécifier dans ce champ.
Si vous êtes disponible sur le marché de l'emploi, la formule « A la recherche d'un nouveau challenge » est plus adaptée que « Chômeur » ou « Disponible de suite ».

De cette manière, vous indiquez la couleur.
Sachez que cela va présenter un avantage car vous êtes disponible immédiatement.
Et par ailleurs, il peut arriver lors de l'entretien pour un nouveau poste, que votre interlocuteur ait des scrupules à vous faire quitter un CDI pour le rejoindre.
Mais si vous êtes sans employeur, ce scrupule n'a pas lieu d'être.

EN POSTE
Si vous êtes en poste, il faut faire resurgir un point fort en étant factuel.
Qu'est ce qui peut être factuel ? Une data, un chiffre…
Par exemple, vos années d'expérience. En effet, dans nombre d'annonces, il est précisé 2 à 3 ans d'expérience ou 7 ans. La différence ? 2 à 3 ans signifie débutant accepté, car les jeunes qui entrent sur le marché du travail vont cumuler les expériences de stage ou contrat pro pour

démontrer qu'ils s'approchent des 2 à 3 ans d'expérience. Et ils ont raison.
Tandis qu'au-delà de 5 à 7 ans d'expérience, le recruteur souhaite un profil expérimenté. Si c'est 10 ans, c'est carrément un profil sénior.

Donc, vous comprenez qu'indiquer vos années d'expérience n'est pas déconnant.
Et par pitié, soyez commercial. Arrondissez aux dizaines ou aux 5 ans : 10, 15, 20… ans.
Ne mettez pas les jours, ni les mois, ni les années autres que multiples de 5.
Il s'agit de donner un ordre de grandeur.

Si vous voulez encore un argument, voici ce que faisait mon Directeur du cabinet de consultants où j'ai travaillé. Lorsqu'un client demandait les références des ingénieurs qui allaient travailler sur son dossier, mon responsable n'hésitait pas à gonfler mes expériences. Il s'agissait en réalité de demi-mensonges.

Mais ce qui était amusant c'est qu'un jour, j'étais l'expert « number one » des abattoirs et le lendemain le numéro un des cimenteries. Beaucoup de numéro un, n'est-ce pas ?
Après tout il avait raison, car il s'agissait de travailler 20 heures sur un sujet pour en apprendre suffisamment. Merci Monsieur Internet.

A ce titre, je me rappelle une interview du comique Gad Elmaleh qui disait avoir souffert du manque de culture générale, et particulièrement d'absence de culture littéraire.
Il en faisait un véritable complexe jusqu'au jour où il décide d'inventer des faux livres !
En effet, dans les dîners mondains, lorsqu'on lui demandait quel était le dernier livre qu'il avait dévoré, il inventait un ouvrage du style « La force sauvage de l'Afrique ». Pure invention !

Et surprise, il voyait son interlocuteur lui répondre : « Ah oui… Quel magnifique ouvrage, mon cher ! On sent le tempérament impétueux de ce continent prêt à exploser. Un véritable volcan endormi prêt à exploser… ».

Parler des livres qu'on n'a pas lu… Un exercice à maîtriser pour briller en société ?

Je vous déconseille de mettre le nom de la Société car cette donnée va être consultable plus loin. Si vous tenez à préciser un secteur industriel particulier comme l'industrie pharmaceutique, ou chimique, alors indiquez plutôt ce secteur.

Autre possibilité : vous travaillez ou avez travaillé sur un projet majeur, alors mentionnez le.
Par exemple, cela donnerait « Régis Papin, Chef de chantier Canal Seine Nord ».

Ensuite en fonction de votre secteur d'activité ou de la compétence professionnelle que vous souhaitez mettre en avant, tout est possible : « Mathilde Maître Responsable des Services Administratifs – Manager de 35 personnes ».

PRESENTER UNE AUTRE FACETTE
Par exemple dans mon titre, j'ai présenté une valeur qui me caractérise : l'humain.
En effet, si je travaille en tant que Responsable HSE et même plus généralement comme Manager, c'est avant tout pour l'humain et dans le respect de celui-ci.

Cela pourrait être une qualité. Par exemple pour un comptable, un slogan du genre : « La rigueur me caractérise ! ».
J'ai connu un contrôleur de gestion qui maniait Excel et notamment les tableaux croisés comme un virtuose. Il pourrait écrire : « Mozart en Excel ». En plus, c'est un musicien…

Pour les étudiants en recherche de stage ou les jeunes diplômés, vous ne pourrez pas mettre en avant vos années d'expérience. Alors c'est utile de préciser son domaine de prédilection professionnel, non ?

Si vous êtes Ingénieur Informatique, celui qui consulte votre profil saura tout de suite si vous vous destinez à la Cyber Sécurité ou à l'Intelligence Artificielle.

Cela donne : Adélie Vasseur Ingénieure Informatique, Passionnée d'Intelligence Artificielle.

L'HASHTAG

Mettez un ou deux Hashtags en conclusion de votre titre, qui est en rapport avec votre activité professionnelle.

Vous verrez plus loin comment choisir un bon Hashtag.

En tant que Responsable HSE, j'ai choisi #safety car la portée est plus importante que #sécurité pour une raison simple due à l'anglais.

De plus, sécurité a plusieurs significations en français. Il peut s'agir de la signification sûreté, contrôle d'accès, gardiens etc…

Il peut aussi s'agir de la signification sécurité informatique. On est loin de la signification visée : la santé au travail !

CONCLUSION

Comme toute accroche est essentielle pour attirer l'attention, il faut impérativement soigner la rédaction de votre titre pour montrer en un dixième de seconde qui vous êtes.

2. CHOISIR SA PHOTO DE PROFIL : QUOI MA GUEULE…

« Le top du design, c'est d'éliminer tous les détails superflus. »
Minh D. Tran, designer

SERIEUX
Il est important de rappeler que LinkedIn est un réseau social professionnel.
Donc, ce n'est pas l'endroit pour partager votre magnifique facies chaussé d'une paire de lunettes de soleil !
Pas de photo de vacances !
Inutile aussi la chemise Hawaï.
Pas de photo de vacances, on a dit !
Et pas de photo de groupe avec vos amis, non plus.
A ce titre, j'en profite pour attirer sur votre attention qu'aucune autre personne ne doit être présente dans le champ de la photo.
Exit aussi les photos de votre animal favori et qui ne vous correspondent pas.

Alors, certains vont me dire : « c'est simple, j'ai résolu le problème et je ne mets pas de photo ».
Erreur aussi, car un profil muni d'une photo est beaucoup plus consulté qu'un profil sans photo. On parle d'un ratio de 1 à 10.
Vous savez que la première impression que vous laissez est primordiale.
En plus, LinkedIn présente le médaillon de la photo en premier.
Alors quoi de plus fort qu'un regard pour communiquer ?
Pas de photo, c'est le cadre vide par défaut et donc pas de regard qui appelle le visiteur à poursuivre sa visite sur votre profil.

Si certains pensent à mettre un avatar, ce n'est pas une bonne idée. Même si l'avatar vous ressemble. Car vous donnerez encore l'impression au visiteur que vous vous cachez. Ce qui paraît suspicieux.

Et pour les infographistes qui souhaitent montrer une partie de leur talent, ne faut-il pas faire une exception ?
C'est vrai que ça se discute, mais il leur est aussi possible de montrer sur le profil des exemples de réalisation, ou encore d'insérer vers un site internet qui leur sert de vitrine.

En effet sur internet, il y a toujours un petit côté voyeurisme. Et le visiteur veut savoir à qui il a à faire.

Donc une belle photo de profil permet d'attirer des visites.

Et cette photo doit être récente. Donc pensez à la renouveler tous les 3 à 5 ans au minimum ou à chaque changement de style significatif. Je pense notamment aux changements de coupe capillaire.

BELLE PHOTO
Alors qu'est-ce qu'une belle photo de profil ?
D'abord une photo nette. Même si cela peut sembler évident, faites attention à la netteté de l'image car votre visage va apparaître dans un petit médaillon, lui-même dilué sur une page internet d'un écran de PC ou de smartphone.

Concernant l'attitude, il faut d'abord sourire aimablement. Sourire pour d'abord ne pas avoir un air de « repris de justice » ou trop sérieux.
Sourire aimablement ne signifie en aucune façon sourire de façon hilarante.
Il s'agit donc d'arborer un léger plissement des lèvres, pouvant laisser entrevoir les dents.

REGARD
Concernant le regard, je vous disais plus haut que c'est le meilleur vecteur de communication. Donc,

il faut regarder l'objectif de l'appareil photo comme si c'était une personne.
Pas de regard loin, fuyant et poétique. Ni de regard froid et sérieux.

COIFFURE

Il faut également être bien coiffé et pour les dames légèrement maquillée. Attention de ne pas tomber dans l'excès de maquillage style le rouge à lèvre écarlate qui va finalement trop attirer l'attention.

HELP

Pour faire une belle photo, je vous conseille de solliciter l'aide d'un tiers car il est difficile d'obtenir un beau selfie.
En effet, la position du bras tendu va vous gêner.
Et on a souvent du mal à trouver le bon angle : trop bas et vous avez un nez et un menton disproportionnés.
Trop haut, et vous avez les yeux au ciel…

Attention aux ombres ou autre effet de lumière indésirable dû à un flash. C'est pourquoi il est plus judicieux de caler la séance photos durant la journée pour bénéficier de la luminosité naturelle. Même si vous réalisez la photo à l'intérieur.

Et se pose aussi la question du décor. Sus au poster avec les palmiers car il faut préférer un décor neutre qui permet de détacher votre silhouette.
C'est-à-dire que si vous optez pour une chemise blanche, le décor ne pourra pas être un mur blanc.

En parlant de blanc, je pense aux artistes qui adorent les photos en noir et blanc. Et je me permets aussi de leur conseiller de ranger au vestiaire cette idée pour leur photo de profil.

LANGAGE NON VERBAL

Pour aller plus loin n'hésitez pas à tourner légèrement la tête pour mettre en avant votre côté gauche, un peu à la manière de… la Joconde.

En effet, dans le langage non-verbal, exposer son côté gauche attire plus la sympathie de celui qui vous regarde.
C'est par exemple ce que font les présentateurs des journaux télévisés. Au début du JT, ils tournent légèrement leur tête vers la droite pour vous présenter la joue gauche.
C'est un appel amical… inconscient.

Et lorsqu'ils rentrent dans le rationnel ou l'explication, ils vous présentent leur côté droit.
Cela peut paraître insignifiant, mais c'est l'inconscient qui pilote ces comportements.

CADRAGE

Concernant le cadrage, LinkedIn va vous permettre de zoomer votre portrait.
Et c'est ce qu'il faudra faire afin que votre visage remplisse la majorité du médaillon et qu'on voit le buste. D'où l'intérêt de se tourner légèrement.
Au final, on doit voir votre visage et vos épaules, ce qui permet de distinguer votre style vestimentaire.
A proscrire donc les gros plans du visage et les photos de la tête aux pieds.

Pour revenir à la tenue, ne pas mettre de chemise Hawaï n'est pas synonyme de pose dénudée ! Sobriété vestimentaire est le maître mot.

Pour les hommes, une chemise fera souvent l'affaire. Et si votre fonction est en adéquation avec le costume cravate, alors why not ?
Pour les dames, un chemisier ou un tailleur.
En conclusion, habillez-vous comme si vous passiez un entretien…

RETOUCHE

Et pour terminer, est-ce nécessaire de retoucher sa photo ?
L'idéal est de réussir une belle prise du premier coup.

Si vous savez utiliser quelques logiciels de retouche photographique, vous pouvez. Mais n'utilisez pas de filtres car on n'est pas en train de poster une photo sur Instagram.

3. DEVELOPPER SA PHOTO DE COUVERTURE

« Il vaut mieux avoir à peu près raison que tout à fait tort. »
John Maynard Keynes, économiste britannique

BANNIERE
Voici une astuce qui n'est pas suivie par la majorité, car la majorité se contente de la bannière par défaut proposée par LinkedIn.

Il s'agit de personnaliser la photo de couverture, autrement dit la bannière derrière votre photo de profil.

Cela permet de se différencier tout de suite puisque cette bannière apparaît aussi en premier lorsque qu'un visiteur atterrit sur votre profil.

Nous allons voir quelques outils pour y arriver.

MON BUT
Mais avant de parler de technique, il faut s'interroger sur la fonction de son profil LinkedIn en répondant à ces questions :
Pourquoi suis-je sur LinkedIn ?
Quelles sont mes valeurs ?

Pourquoi suis-je sur LinkedIn ?
- pour trouver un nouvel emploi
- pour développer mon activité commerciale
- pour échanger sur mon activité professionnelle

En ce qui me concerne, lorsque je ne suis pas en recherche d'un nouveau poste, je suis actif sur LinkedIn parce que c'est une source d'information sur différents domaines comme l'HSE, le développement personnel, l'amélioration continue…

Et j'en profite donc pour partager des informations utiles avec mon réseau sur ces sujets. Ce qui me permet de capter de nouveaux contacts de niveau 1 et donc des opportunités d'échange.

Indirectement, cette activité rend mon profil attractif et attire régulièrement des offres d'emploi à étudier.

MES VALEURS
Quelles sont mes valeurs ?
Ces valeurs doivent apparaître comme le reflet de votre métier, mais peuvent aussi laisser transpirer vos passions.

Donc je vous invite à écrire sur une feuille blanche vos valeurs. Quel est votre moteur ? Qu'est-ce qui vous pousse ou motive à vous lever tous les matins pour aller au travail ?

Une fois cet exercice réalisé, entourez celui qui vous semble le plus important.

IMAGE
Allons maintenant sur le net, chercher une image en lien avec cette valeur.
Vous pouvez effectuer une première recherche sur Google Images ou Bing Images mais je vous conseille ces sites de photographies gratuites :
- Pixabay
- Freepik
- Unsplash
- Pexel

Faites aussi une recherche avec le mot traduit en anglais. Ce qui donne parfois plus de résultats.

Enregistrez l'image en vérifiant qu'elle soit de bonne qualité.

TEXTE
Sur cette bannière, vous allez écrire du texte qui sera soit :

- un slogan
- une description de votre activité
- des preuves de vos réalisations : des chiffres du style : « + de 100 clients »
- Vos années d'expérience

MA BANNIERE

Concrètement et en ce qui me concerne, j'ai une valeur professionnelle qui est l'humain. En effet, si je suis responsable HSE, c'est d'abord pour l'Homme avec un H majuscule et tout ce qui se décline : la vie, la santé, le bien-être, les relations…

En me creusant un peu la tête, j'ai trouvé le slogan suivant : « L'humain au cœur de l'activité ». Ce qui permet plusieurs interprétations suivant l'angle de vue.
Soit on interprète que c'est ma personne qui amène de l'humain au sein de l'activité. Soit on lit que je considère que l'homme se place au centre et figure le plus important.

Et concernant la photo de la bannière, j'ai utilisé une photographie décalée par rapport à mon domaine HSE. C'est une photographie connue d'ouvriers qui construisent les gratte-ciel à New-York dans les années 1930.

A plusieurs centaines de mètres de hauteur, ces ouvriers sont nonchalamment en pause, assis sur une poutre d'acier et sans protection par rapport au risque de chute dans le vide. Cette photo est en noir et blanc.

Sur la bannière, j'ai ajouté mon mail et mon numéro de portable.

VISIBILITE

Pourquoi, alors que ces informations peuvent figurer plus loin dans le profil ?
Tout simplement pour faciliter le travail des visiteurs qui souhaitent me contacter rapidement.

Il y a certaines écoles de consultants qui vous conseille de mettre une adresse mail spécifique à LinkedIn afin de connaître ceux qui vous ont trouvé via ce média.

Ces écoles vous conseillent aussi d'éviter de mettre votre portable.

A l'expérience, je n'ai pas eu de problème à ce jour mais si cela arrivait, je peux toujours changer la bannière de mon profil.

CANVA
Et pour être complet, il faut que je vous indique l'outil qui permet de combiner le texte et vos coordonnées à votre photo de couverture.

Et il s'agit du site CANVA.

C'est un site de dessin en ligne qui vous permet de le faire gratuitement, après avoir créé un compte.
Une fois sur le site, il y a différents formats et il faut sélectionner celui de LinkedIn.
Après avoir choisi un modèle, importer votre photo à la place de celle du modèle et modifier les fenêtres de textes avec vos éléments.
Il ne reste plus qu'à exporter l'image comme on sort la dinde du four…
Surtout, ne quittez pas votre session CANVA, car il se pourrait que vous deviez y retourner pour faire des modifications.

La bannière du profil LinkedIn étant de 1584 x396 pixels, il se peut que le modèle soit en dehors de ces dimensions, mais vous pouvez recadrer votre bannière en zoomant. Ce qui peut nécessiter un nouveau passage par la case CANVA si le résultat n'est pas satisfaisant.

Et au final, n'oubliez pas de checker l'aperçu sur l'écran d'un PC et celui de votre smartphone.

Mais croyez-moi, le résultat en vaut la chandelle.

4. DONNER SES COORDONNEES : TU VEUX MON 06 ?

« Communiquer, c'est pouvoir mettre en commun. »
Jacques Salomé, psychosociologue et écrivain français

TELEPHONE
Faut-il indiquer son téléphone dans son profil ?
Si vous ne voulez ni être contacté, ni embêté, alors non. Mais quel est alors l'intérêt de s'inscrire sur un réseau professionnel ?

Quand vous échangez votre carte de visite, il y a bien vos coordonnées téléphoniques. Et ce n'est pas pour cette raison que la personne va vous appeler tous les matins.

Peut-être pensez-vous que votre téléphone sera visible de tous.
Non, ce n'est pas le cas.
Votre numéro est visible uniquement des personnes de votre réseau de niveau 1.

Ce qui est très pratique car si on souhaite retrouver le téléphone d'une connaissance, il suffit d'aller dans « gérer mon réseau », et ensuite « Relations », opter pour le filtre classer ses contacts par nom et chercher son interlocuteur.

MAIL
Pareil pour le mail.
Et à ce sujet, certains experts de LinkedIn suggèrent de créer une adresse mail dédiée à LinkedIn pour identifier facilement le canal par lequel vos interlocuteurs vous ont trouvé. C'est à vous de voir.

PLUS VISIBLE
Maintenant, si vous n'êtes pas farouche et que vous souhaitez augmenter les chances d'être

contacté, vous pouvez indiquer votre portable sur votre photo de couverture, votre bannière.

C'est ce que j'ai fait pour mon profil. Et comme je l'ai dit au paragraphe précédent, cela facilite la vie à celui qui veut vous appeler. Pas besoin de vous envoyer une invitation et d'attendre votre acceptation.

Imaginez-vous dans la peau d'un chasseur de tête qui a une demande urgente d'un client…
En étant plus disponible qu'un profil concurrent, cela peut vous faire prendre une longueur d'avance sur une opportunité professionnelle.

Il y a aussi un autre moyen de se démarquer en utilisant bien la partie résumé de votre profil. Nous allons voir cela juste ci-après.

5. RACONTER SA VIE EN RESUME

« Tout le monde peut être important car tout le monde peut servir à quelque chose. »
Martin Luther King

Pas facile de résumer plusieurs années en quelques mots, n'est-ce pas ?

VENDRE SON AME
Il s'agit de se placer dans la peau d'un vendeur. Un vendeur ? Oui, vous devez vendre votre personne, votre personnalité. Donner envie que l'on vous rencontre, que l'on souhaite travailler à vos côtés.

Il s'agit donc de raconter son histoire en énonçant les grandes étapes.

Si vous avez du mal à parler de vous, vous pouvez utiliser cet exercice en parlant de vous à la troisième personne du singulier. En effet, cela permet de se détacher de sa personne. Pensez aux succès que vous avez eus, aux activités principales accomplies et à ce que vous avez appris…

Prenez un papier et écrivez, par exemple, votre expérience de Responsable Production : « Chez l'Employeur X, il a réussi à augmenter la productivité de Y % en créant un esprit d'équipe au sein de son département. Ce succès est dû au parcours de formation en Amélioration Continue du groupe.
Ces compétences techniques associées à ses compétences de management, lui ont permis de fédérer ses hommes vers l'objectif fixé. »

Il suffit de répéter cela pour chaque expérience professionnelle et vous avez bâti l'ébauche de votre résumé.

ECRIRE SIMPLE

Bien sûr, on ne va pas laisser cette ébauche au stade brut.

Il faut la passer à différents tamis successifs.

Il faut d'abord que les phrases soient courtes et simples. Donc il faut lire et relire votre texte en s'assurant de se rapprocher au plus d'une structure nom + verbe + adjectif. Il faut conserver juste l'essentiel.

Et bien sûr, il faut tout passer à la première personne du singulier.

Avec notre exemple ci-dessus, cela donne : « Chez l'Employeur X, j'ai réussi à augmenter la productivité de Y %. Pour y arriver, en bon responsable, j'ai fédéré mes hommes vers un but. Et pour la partie technique, j'ai bénéficié de formations en Amélioration Continue. »
Voilà, le lecteur lit un succès basé sur des compétences de management et apprend que je maîtrise les outils d'Amélioration Continue. Trois messages sont passés en 37 mots, pour 55 dans la première version.

Il faut veiller à ne pas utiliser des mots trop compliqués, ni de sigles inconnus. Sinon, vous risquez de perdre en lisibilité et votre lecteur va décrocher.

MOTS CLE
Pour aller plus loin, il faut s'interroger sur les mots utilisés et réfléchir si ce sont les bons mots clés pour un futur employeur ou client.
Par exemple, dans la description qui nous sert d'exemple, je remplacerais bien « productivité » par « production » et « responsable » par « manager » :
« Chez l'Employeur X, j'ai réussi à augmenter la production de Y %. Pour y arriver, en bon manager, j'ai fédéré mes hommes vers un but. Et

pour la partie technique, j'ai bénéficié de formations en Amélioration Continue. »

SA SITUATION PROFESSIONNELLE
Il faut détailler sa situation professionnelle dans ce résumé et uniquement sa situation professionnelle.
Ce n'est pas l'endroit pour parler de votre passion pour les différentes catégories de thé !
A travers votre récit, essayez de créer du liant et surtout ne répétez pas systématiquement la même structure.
Si votre parcours est finalement répétitif mais chez différents employeurs, alors abordez votre résumé en le structurant par compétences plutôt que par employeur.

FAIRE MODERNE
Vous pouvez utiliser des Emojis pour souligner quelques mots, sans en abuser bien-sûr.

TAPER FORT TOUT DE SUITE
A l'écran de votre visiteur, seules les trois premières lignes apparaissent par défaut et pour en savoir plus, il faut cliquer sur suite.

Par conséquent, il faut donner l'eau à bouche tout de suite.
Il faut être percutant tout de suite.

En effet, moi le premier, je commençais mon résumé par ma plus vieille expérience. Et j'étais donc en totale contradiction avec ce conseil.

J'ai rectifié depuis.

Voici un exemple :
« J'ai acquis plus de 20 années d'expérience dans le domaine de la Santé Sécurité et Environnement. Mon parcours est atypique : moitié en Industrie, moitié en tant que Consultant. Voici les 4 grandes étapes qui ont forgé mes compétences de Responsable SSE : ... »

EN AJOUTER PLUS

Vous êtes limité en volume d'écriture dans le résumé.

Mais vous pouvez utiliser cette astuce : ajouter des pièces jointes comme un CV, ou un document qui décrit vos valeurs.

6. ÉTALER SES EXPERIENCES

« Je ne peux pas vous donner la recette infaillible du succès, mais je peux vous donner la recette de l'échec : essayer de plaire tout le temps à tout le monde. »
Herbert Bayard Swope, journaliste américain

Dans cette partie, vous allez vous laisser guider par LinkedIn pour indiquer toutes vos expériences passées.
Faites-le en les détaillants au maximum.

Mais attention, il ne s'agit pas de faire un copier-coller de votre CV. En effet, vous pouvez décrire votre fonction, ce que vous avez fait dans le poste, les compétences apprises, les succès engendrés. Et encore une fois, pensez à utiliser des mots clés pour apparaître dans les recherches des recruteurs.

Vous pouvez adopter une présentation de vos missions avec des puces pour rendre vos expériences facilement visibles et sans effort de lecture pour le visiteur.

Vous pouvez aussi partager des vidéos ou des commentaires dans cette partie de votre profil.

Par exemple, si vous avez réalisé un projet d'études, c'est l'endroit pour montrer le résultat.

Si vous êtes étudiant, vos expériences risquent d'être peu nombreuses. Mais en plus des stages effectués, il faut préciser les jobs d'étudiants ou les projets d'études réalisés dans votre scolarité.

Même pour une expérience qui n'est pas en lien avec votre filière métier, c'est important de la mentionner en faisant ressortir ce que cela vous a appris : exemples :

- Baby sitting = sens de responsabilité et de bienveillance.
- Moniteur Centre aéré = organisation de planning, d'activités et sens de responsabilité

Ensuite lorsque votre carrière décollera, vous pourrez enlever ces informations qui seront devenues inutiles pour votre plus-value.

7. VENDRE SES COMPETENCES

« Ne promettez pas ce que vous ne pourrez pas tenir. »
Publibius Syrus, aphoriste Syrien

Ceci est important pour l'algorithme de LinkedIn.
Il faut indiquer ses compétences.

Mais il ne faut pas faire une liste à la Prévert.

En effet, LinkedIn va mettre en avant trois compétences principales.

Il vous donc choisir les plus pertinentes en premier.

Bien sûr, j'espère pour vous que vos compétences sont en phase avec votre métier.

Un communicant créatif sonne mieux qu'un communicant ordonné, n'est-ce pas ?

8. AVOIR DES LETTRES DE RECOMMANDATION MODERNES

« On récolte ce que l'on sème. »
Cicéron, orateur romain

POUR SE DEMARQUER
La recommandation sur LinkedIn est l'équivalent de la lettre de recommandation classique.

Sur LinkedIn, c'est du bazooka car elle donne du poids à votre profil.

Bien sûr, toutes les recommandations n'ont pas la même valeur. Celle qui vient d'un collègue de même niveau ou inférieur est moins forte que celle qui vient d'un N+1.

Alors, ce qui la rend exceptionnelle, c'est sa rareté.

COMMENT
Comment avoir une recommandation ?
Avant LinkedIn, lorsque j'avais eu de bons étudiants en stage, je n'hésitai pas à leur proposer une lettre de recommandation pour leurs futurs entretiens.

Maintenant, je réalise la même chose mais en utilisant LinkedIn.

Par conséquent, je conseille aux étudiants d'aller voir leur tuteur et de leur demander une recommandation quelques temps avant la fin de mission.
Car si vous ne le faites pas tout de suite, vous aurez beaucoup de mal à reprendre contact des mois ou des années après pour solliciter une recommandation.

Et ce qui s'applique aux étudiants s'applique aussi aux salariés.

Même s'il est délicat d'aller voir son N+1 du jour au lendemain en lui demandant ce service, voici deux opportunités :
- Vous quittez la société en bons termes avec votre N+1 et vous souhaitez rester en contact sur LinkedIn au cas où il a besoin de vous contacter. Profitez-en pour lui demander une recommandation.
- Votre N+1 quitte la société : demandez-lui la permission d'entrer dans son réseau LinkedIn et prévenez-le de votre demande de recommandation.

Au fur et à mesure de votre parcours, vous allez accumuler ces témoignages qui seront visibles des recruteurs.

9. SIMPLIFIER VOTRE LIEN

« Pourquoi faire compliqué, quand on peut faire simple ? »
Henri-Frédéric Amiel, écrivain et philosophe suisse

Lorsque vous aurez rempli votre profil, vous pourrez le diffuser grâce à un lien.

Par défaut, ce lien n'est pas très joli et apparaît comme une suite de chiffres et de lettres.

Il faut donc le simplifier pour le transformer en une adresse facilement mémorisable et qui inspire confiance du type : www.linkedin.com/in/prénom-nom/

Je vous conseille d'insérer ce lien sur votre CV sous forme texte et dans l'image de l'icône LinkedIn que vous aurez intégrée.

10. CHOISIR SES REALISATIONS

« Tout individu collabore à l'ensemble du cosmos »
Friedrich Nietzsche, philosophe allemand

Do you speak English?

En ajoutant cette section à votre profil, vous allez pouvoir ajouter des mentions sur votre capacité à maîtriser la langue de Shakespeare par exemple.

Inutile de préciser vos talents de patois local.

11. ETRE VIEILLE FRANCE : ORTHOGRAPHE, GRAMMAIRE, PHRASES COURTES

« L'orthographe, c'est comme la propreté, une question de respect de l'autre. »
Eric-Emmanuel Schmidt, écrivain et comédien franco-belge

Si trop de fautes d'orthographe et de frappe viennent polluer votre texte, alors votre profil devient illisible.

Vous devez impérativement lire et relire vos écrits. Et en cas de doute, vérifier sur le net.

Pareil pour la grammaire, il faut que cela soit parfait.

Pour rester compréhensible, faites des phrases courtes. Et insérez des mots de liaisons pour que ce soit fluide à la lecture. De cette manière, la lecture est aisée.

Passez à la ligne pour séparer et aérer les blocs de texte, les paragraphes.

Pour progresser en orthographe, je peux vous conseiller de suivre un MOOC (Massive Open Online Course) en ligne sur la plateforme FUN (France Université Numérique) : https://www.fun-mooc.fr/

Ce MOOC a été réalisé par l'Université de Caen.
Et il été élu primé meilleur MOOC en 2018.
Pour l'avoir suivi, je vous assure qu'il le mérite.

12. CHOISIR LE BON HASHTAG

« Tout seul on va plus vite, ensemble, on va plus loin. »
Proverbe africain

Tous les hashtag ne se valent pas !

Certains ont beaucoup plus d'audience que d'autres.

Pour trouver les audiences d'hashtag, effectuez une recherche en tapant le mot clé qui vous vient à l'esprit.

Par exemple, prenons #developpementpersonnel et je lis un peu plus de 5 000 abonnés.

En haut, à droite de l'écran, nous avons « ... ».

Cliquons dessus et une bannière apparaît qui me propose différentes options.

Choisissons « + Découvrir des hashtags » et là je vois toute une liste d'hashtags avec leur nombre d'abonnés.

C'est facile de voir ceux qui ont le plus gros impact.

Alors, je vous conseille de noter les Hashtags intéressants en lien avec votre profil (voir paragraphe 1 de cette section).

Comme vous le verrez un peu plus loin, les hashtags ont aussi leur intérêt lorsque vous publiez.

Et ils ont un autre intérêt sur le fil d'actualité. Votre timeline.
En effet, si vous marquez votre préférence pour un thème en suivant ce hashtag, LinkedIn va vous

proposer des posts et articles en lien avec ce hashtag.

13. RESUME DES REGLES D'OR

« Aussi compétent que vous soyez, des listes de vérification bien conçues peuvent améliorer vos résultats. »
Steven Levitt, coauteur de *Freakonomics*

Voici la synthèse des 12 règles d'Or pour rédiger un bon profil et comme je le dis, développer votre première jambe : la droite.

1. Définir son titre professionnel
2. Mettre une belle photo de profil
3. Développer sa photo de couverture
4. Renseigner ses coordonnées
5. Travailler son résumé
6. Détailler ses expériences
7. Ajouter des compétences
8. Obtenir des recommandations
9. Modifier son URL
10. Montrer ses réalisations
11. Soigner l'orthographe et la grammaire
12. Utiliser le bon hashtag

VI. COMMENT MUSCLER SA JAMBE GAUCHE

« La réalisation réside dans la pratique. »
Bouddha

MI CHEMIN
Maintenant que vous avez créé votre avatar, vous avez fait la moitié du chemin.

En rester là et attendre, revient à marcher sur une jambe.
Vous n'irez pas très loin.

En effet, beaucoup de personnes pensent que sur internet, il suffit de publier quelque chose pour que ce soit vu par tout le monde.

Ils confondent publier et communiquer. En réalité, tout le monde peut voir ce que vous avez publié mais encore faut-il que les personnes sachent que votre contenu existe.

Même si LinkedIn est un réseau social destiné au monde professionnel, il réagit comme tout autre réseau social.
Pour réaliser un maximum d'audience, il faut développer sa « popularité ».

Et pour développer sa popularité, il faut pratiquer et être actif.

De cette manière, vous marchez sur deux jambes !

Voyons maintenant comment muscler sa jambe gauche…

1. VIVEZ LINKEDIN : REGLE DES 5

« Le moment présent a un avantage sur tous les autres, il nous appartient »
Charles Caleb Colton, prêtre, écrivain et collectionneur anglais

INTERACTION
Pour pratiquer LinkedIn, il faut aller régulièrement sur le réseau pour interagir.

A partir du moment où vous commencez, vous verrez que cela devient facile et presque addictif.

En effet, qui résiste au chiffre qui s'affiche en haut d'une icône d'une appli ?
Ce chiffre, c'est le nombre de notifications que vous avez reçues et qui attendent d'être lues.

REGLE DES 5
Donc le fait de se connecter permet de mettre en musique cette règle des 5.

5, comme 5 minutes pour ajouter des personnes à votre réseau. Mais pas n'importe comment et pas n'importe quelle personne. Nous le verrons juste après.

5, comme 5 minutes pour partager du contenu.
Il s'agit des articles que l'algorithme de LinkedIn va vous envoyer sur votre fil d'actualité, votre timeline.
En fonction des « like », des hashtags que vous suivez et des commentaires que vous postez, l'algorithme va vous abreuver de posts et articles.

Par conséquent, il devrait y avoir des choses qui vous intéressent. Des éléments instructifs. Des informations utiles.
Mais sachez qu'une autre personne de votre réseau ne verra pas la même chose que vous sur son timeline.

En effet, chaque timeline est personnalisée. Donc, si vous pensez qu'un post ou un article est intéressant pour votre réseau, je vous conseille de le partager.

Et lorsque vous partagez un post, écrivez un commentaire pour expliquer pourquoi vous le faites.
Il faut toujours dire pourquoi vous faites quelque chose. N'imaginez pas que les autres savent lire dans vos pensées…

5, comme 5 minutes pour interagir avec votre réseau.
Pour cela, il suffit de laisser un commentaire aux posts des personnes de votre réseau.

Et oui, c'est à cela que sert un réseau. Et c'est la meilleure façon de développer des liens d'amitiés professionnelles qui peuvent même parfois se traduire par des rencontres dans la vie réelle.

En tout cas, personnellement, ça m'a permis d'engager des discussions en mode privé et par exemple de récupérer des références de livres dans tel ou tel domaine que je souhaite développer.

Concernant, les commentaires, il peut simplement être un merci : « merci pour ce partage » ou « merci pour cette information ».

Cela peut être aussi un appui pour montrer que vous êtes en phase avec l'auteur.

Et il y a le commentaire de luxe : celui qui apporte une plus-value. Celui qui va donner une valeur supplémentaire.

TON DE CIRCONSTANCE
Juste une mise en garde sur les commentaires négatifs en cas de désaccord. Attention, LinkedIn n'est pas Facebook ou Twitter. Généralement, les

utilisateurs adoptent un ton plus policé et diplomatique.

Donc prudence sur vos propos ! Vérifiez les informations et chiffres que vous publiez.
Pensez à votre réputation !

Donc nous avons vu les trois premiers 5.
Et il est conseillé d'appliquer ces principes chaque jour afin de développer une habitude.

REGLE DES 5 HEBDOMADAIRES
Ensuite il y a deux autres 5 à appliquer une fois par semaine.

Prenez 5 minutes pour réfléchir à une idée de post.
Personnellement, je suis en veille toute la semaine et en fonction de l'actualité ou de mes activités, je trouve une idée.

Par exemple, pendant l'épisode de l'épidémie du Coronavirus, j'ai posté un article sur le Dr Semmelweis qui a prôné le premier le lavage des mains comme mesure d'hygiène, il y a … 200 ans !

Lorsque que j'ai l'idée, je réfléchis à la rédaction de l'article.
Comment créer l'accroche, c'est-à-dire le début du texte.
Quelle photo aller chercher sur internet.

Et lorsque tout cela est mur, je prends 5 minutes pour rédiger et poster l'article sur LinkedIn.

Donc voilà les bonnes habitudes pour que votre temps passé sur LinkedIn soit gérable et raisonnable : environ 10 à 15 minutes par jour et 10 minutes par semaine pour poster un article.

2. ÉTENDRE SON RESEAU : PECHO A 100%

« Quand nous essayons de tirer un fil, nous découvrons qu'il est rattaché à tout le reste de l'univers. »
John Muir, naturaliste américain

GRANDIR
Pour étendre son réseau, il existe deux moyens.

Premièrement, il suffit d'attendre les demandes de personnes qui veulent rejoindre votre réseau.

Et à ce sujet, il y a plusieurs écoles.
Certains vont vous dire qu'il faut accepter toutes les demandes.
Et d'autres vous disent qu'il faut trier sur le volet comme on choisit ses amis dans la vraie vie.

Tous les deux ont raison et cela dépend de votre stratégie.

QUANTITE OU QUALITE
Si vous visez la quantité, vous allez accepter sans être regardant sur le profil des personnes qui rejoignent votre réseau.
Mais si vous optez pour la qualité, vous ferez plus attention.

Certaines personnes ont aussi des principes. Par exemple, elles refusent toutes les demandes qui ne sont pas accompagnées d'un mot de présentation personnalisé.
Après tout, c'est bien de savoir pourquoi la personne a flashé sur votre profil et pourquoi elle veut rejoindre votre réseau.

D'autres personnes accepteront uniquement les demandes des personnes qu'elles ont rencontré préalablement dans la vie réelle.

Généralement, lorsqu'on débute sur LinkedIn, on est flatté que quelqu'un veuille rejoindre son réseau. Et on accepte toutes les demandes afin de faire gonfler son réseau et d'atteindre le seuil des 500 relations.

Et ensuite avec l'expérience, on se montre plus sélectif. Mais quoiqu'il en soit, je vous recommande de toujours consulter le profil de la personne qui vous envoie l'invitation, avant d'accepter.

En faisant cela, la personne recevra une notification que vous avez consulté son profil. Et que vous avez accepté son invitation en toute connaissance de cause.
Personnellement, il m'arrive d'avoir ce genre de pensée : « encore un qui veut me vendre quelque chose ! ». Mais sait-on jamais pour un besoin futur..

INVITATION PERSONNELLE
Pourquoi être sélectif sur la qualité de son réseau ? Vous allez pouvoir le découvrir juste ci-après.

En attendant, je vous disais qu'il y a un deuxième moyen de développer son réseau.

Cette fois-ci, c'est vous qui êtes acteur.

En effet, si vous voyez le profil d'une personne qui vous intéresse, alors vous pouvez envoyer une demande pour l'avoir dans votre réseau, dans votre carnet d'adresse.

Et pour augmenter vos chances de réussite, je vous recommande vivement de joindre un message personnel à la personne.

Voici un exemple : « Bonjour, je vous envoie une demande de contact parce que j'ai vu votre profil et que nous sommes dans le même domaine d'activité. »

Ou encore : « Bonjour, je vous suis sur LinkedIn depuis un moment et j'aime les posts que vous publiez. Accepteriez-vous que nous soyons relation de niveau 1 ? ».

Par rapport à cet exemple, c'est particulièrement vrai si vous souhaitez approcher une personne connue ou réputée sur LinkedIn.

Il faut donc y aller pas à pas.
D'abord suivre la personne. C'est une option qui est offerte sur LinkedIn.

De cette manière, vous vérifiez que cette personne est réellement intéressante à avoir dans son réseau ou pas.
Je vous conseille de réagir à ses publications comme nous le lirons un peu plus loin.

Et ensuite, choisir la bonne accroche pour envoyer votre invitation personnelle.

Pour faire grandir votre réseau rapidement, prenez l'habitude d'inviter les personnes rencontrées dans la vie réelle.

Cela peut être vos collègues de travail, les contacts que vous avez eu lors de démarchage commercial, les prestataires que vous avez fait travailler, etc…

D'ailleurs concernant les collègues, il peut y avoir une utilité à laquelle on ne pense pas sur le moment. En cas de changement professionnel, cela permet de garder contact facilement.

Et par ailleurs, LinkedIn permet de réaliser des discussions groupées en sélectionnant différents contacts de son carnet d'adresse.

N'oubliez pas que LinkedIn constitue votre carnet d'adresse. Cela remplace la collection de cartes de visite qui trône dans votre tiroir ou sur votre porte cartes ! C'est tout de même plus moderne, non ?

3. AVOIR UNE BONNE TIMELINE (FIL D'ACTUALITES)

« Que la stratégie soit belle est un fait, mais n'oubliez pas de regarder le résultat. »
Winston Churchill, premier ministre britannique

BIG BROTHER
Vous avez déjà observé sur Google ce phénomène.
Vous venez de faire une recherche sur des chaussures de sport.
Et bizarrement, les fenêtres publicitaires, frame in English, que vous allez croiser pendant votre surf sur internet vont commencer à vous proposer des… chaussures de sport.

LinkedIn fonctionne sur le même principe.
L'algorithme de LinkedIn va chercher à vous abreuver de choses qui vous intéressent afin de vous amener sur son site et de vous garder le plus longtemps.

Donc l'algorithme va étudier votre comportement.

Quel type d'article aimez-vous?
Quels sont les profils qui constituent votre réseau ?
Quels sont les hashtags qui vous intéressent ?

Et en parlant de profils présents dans votre réseau, l'algorithme part du principe que si vous avez ces personnes dans vos relations, c'est que vous y trouvez un intérêt mutuel.

Pas bête, n'est-ce pas ?
L'appellation d'Intelligence Artificielle n'est pas déméritée.

Donc, dès qu'une de vos relations va bouger le petit doigt sur LinkedIn, vous allez être mis au courant.

Concrètement, s'il aime un post, alors vous le saurez.

S'il partage un post ou un article, alors vous le saurez.

S'il écrit un post ou un article, alors vous le saurez.

Ensuite, il suffit que vous cliquiez soit sur :
- un pouce « j'aime »,
- une paire de mains « bravo »,
- un cœur « j'adore »,
- une ampoule « instructif »,
- un visage « intéressant »,

Pour indiquer à l'algorithme que c'est ça que vous voulez voir.

Et il va donc chercher des informations de même nature pour vous les faire défiler sous vos yeux.

Et rebelote, vous aimez et likez. Et l'algorithme est content et continue encore et encore…

Alors vous vous dites que LinkedIn est vraiment génial.

Tout ça c'est le monde parfait.

INTERET D'UN BON RESEAU
En effet, si vous un réseau de contacts acquis par défaut. Autrement dit, vous avez préféré la quantité à la qualité, alors les propositions que vous fait l'algorithme risquent d'être moyennes.

Et si vous likez pour faire plaisir ou par réflexe, alors le contenu proposé sur votre écran va vous apparaître de plus en plus être décevant et inintéressant.

Sachant cela, il m'arrive parfois de ne pas liker des posts car ce n'est pas exactement le genre d'informations que je souhaite recevoir.

En plus de ne pas être déçu par ce que me propose ma timeline, je ne perds pas mon temps à balayer du regard des choses inutiles.

UTILISER LES HASHTAGS
Par ailleurs, vous pouvez aider l'algorithme en choisissant les hashtags que vous voulez suivre.

Cela va agir comme de vrais centres d'intérêts.

Et bien sûr, plus les hashtags sont populaires, plus il y a de chances d'avoir des posts intéressants.

Pour savoir si des hashtags sont populaires, il faut réviser ce que vous avez lu quelques pages ci-dessus.

POUR ALLER PLUS LOIN…

Pour en savoir un peu plus sur la manière dont vous laissez des traces sur internet comme on laisse des traces sur la neige, lisez ce qui suit.

Certains diront plutôt qu'ils sont fliqués !

Mais je préfère l'image de traces dans la neige. Car c'est bien vous qui décidez de votre chemin et tant que vous ne vous retournez pas, vous n'avez pas conscience de ces traces.

Ne vous inquiétez pas, je ne serai pas trop technique.
Et c'est grâce à une formation sur Facebook, que je peux vous expliquer ce qui suit.

CAMPAGNE PUBLICITAIRE

Lorsque vous souhaitez faire de la publicité sur Facebook ou Instagram, vous allez réaliser une campagne.

C'est-à-dire que vous allez fixer la durée et la somme que vous comptez investir.

J'ai bien dit investir. Car il s'agit d'avoir un retour sur investissement. C'est-à-dire que sur 1000 personnes qui ont cliqué sur votre publicité, quelques-unes iront jusqu'à l'acte d'achat : 2, 3 ou 10 !

Comme Facebook vous facture X cts le clic, il faut donc générer plus de ventes que le coût de la publicité. Autrement dit, il faut convertir un nombre minimal pour être à l'équilibre et plus pour faire du bénéfice.

Facebook a tout intérêt à ce que vous fassiez du bénéfice afin de vous donner l'envie d'enclencher une nouvelle campagne publicitaire.

Donc lorsque vous programmez les détails de votre campagne, Facebook vous permet de cibler qui va voir votre publicité.

C'est comme si à la pêche dans un lac, vous aviez la possibilité de mettre l'hameçon de votre canne à pêche uniquement sous le nez des carpes de plus de 3 kg !
Pour les carpes plus petites, l'hameçon sera invisible.

CRITERES
Comment ça se passe ?
En fait, vous pouvez choisir différents critères :
- Homme ou/et Femme
- Catégorie d'âge : cela permet de cibler les catégories les plus aisés financièrement par exemple, en évitant les moins de 25 ans.
- Pays : si vous voulez vendre à tous les francophones ou seulement aux français par exemple.
- Centres d'intérêt : par exemple « la course à pied » pour un produit sur le running. Et là où c'est fort, c'est que Facebook vous indique quelle quantité totale de personnes sont dans la cible de votre campagne et combien vous pouvez espérer de futurs prospects.

PIXEL
Une fois la campagne lancée, ce n'est pas fini.
Facebook vous permet d'insérer un pixel. Kesako ?
C'est une sorte de mouchard, ou plutôt une webcam virtuelle qui vient se poser sur l'épaule de la personne qui a cliqué sur la publicité.

Ce pixel va observer le comportement du prospect : combien de temps reste-t-il ? Est-ce que le prospect valide ou non son panier, son achat ? Est-ce que la connexion est faite à partir d'un PC ou d'un téléphone ? Quel pays ? Homme, Femme ? Etc…

Tous ces renseignements vous sont utiles, à condition de savoir analyser les datas, pour améliorer vos futures campagnes et obtenir plus de conversion.

On peut aussi insérer des pixels sur des sites internet ou dans des newsletters.

Et encore une fois, tout ceci est transparent pour l'utilisateur.

En fin de compte, c'est comme au supermarché. Vous ne vous rendez pas compte que les produits bon marché sont en bas et les plus profitables… pour le supermarché, à hauteur des yeux de l'acheteur.

C'est ainsi parce que des observations sont réalisées sur le comportement des consommateurs dans les rayons.
Combien de temps moyen faut-il pour choisir son pot de mayonnaise ? Où se déplace le regard en priorité ? Etc…

Si cela peut vous rassurer, sachez que ce soit pour le choix de la mayo ou votre parcours sur internet, la collecte de ces datas respecte votre anonymat.

4. PARTAGER EFFICACEMENT

« La connaissance, c'est partager le savoir qui nous fait grandir. »
Olivier Lockert, hypnothérapeute et auteur français

COMMENTER
Lorsque vous lisez un post intéressant sur votre timeline.

On a vu que vous allez le liker.

Mais il y a encore plus fort : écrivez un commentaire.

Il peut s'agir d'un simple merci ou d'ajouter un complément.

Cela peut-être simplement l'expression de votre émotion à la vue d'une vidéo incroyable.

Mais ayez toujours à l'esprit que vous êtes sur un réseau qui s'adresse à des professionnels, donc le ton sera différent que sur d'autres réseaux comme Instagram et Facebook.

On ne s'adresse pas à une bande de potes !
Mais plutôt à de futurs collègues, à un futur employeur, à ses pairs,…

PARTAGER
Mais il y a toujours plus fort : le partager avec votre réseau !

En effet, ce n'est pas parce que vous voyez ce post, que tout votre réseau le voit aussi.

Donc le partager, c'est le rendre plus facilement visible auprès de votre réseau.

Et c'est donc l'occasion de montrer à votre réseau que vous apportez de la valeur ajoutée.

Pour cela, vous pouvez… vous devez insérer un commentaire.

Dites pourquoi vous avez pensé à partager cet article. Qu'est-ce qui vous a plu dedans ?

MENTIONNER L'AUTEUR
Et pour être au top, il faut mentionner l'auteur du post dans votre texte.

Pour cela, c'est simple, il faut mettre @Nomprénom de l'auteur.

Cette astuce est aussi à utiliser si vous écrivez un post ou article sur un livre. De cette manière, vous pouvez faire un clin d'œil à son auteur.

C'est ce que j'ai fait lorsque j'ai écrit un article sur le livre « Révolutionner la Santé Sécurité au Travail » de Mikael Mourey.

Et le résultat est que Monsieur Mourey m'a répondu dans la minute en me remerciant.

Voici l'article en question posté pendant la période de confinement du Covid 19 :
« REVOLUTION SST

Dirigeant, manager, expert HSE, représentant du personnel, formateur...

Peut-être êtes-vous confiné en ce moment à la maison en télétravail ?

Alors je vous recommande cette une bouffée d'air. Il s'agit d'ouvrir son esprit à des pratiques HSE novatrices.

Pour cela, plongez-vous dans le livre de @mikaelmourey (cliquer sur le lien pour le consulter sur Amazon) : "Révolutionner la SANTE et la SECURITE au TRAVAIL".

Pas de jaloux, ce conseil s'applique aussi à ceux, comme moi, qui continuent de se rendre physiquement au travail (que les gestes barrières me préservent du Covid!).

Et d'ailleurs, puisque j'en fais ma bible HSE, je me replonge régulièrement pour me rappeler la bonne parole. Que l'HSE soit avec vous et avec votre... ».

J'avais ajouté un commentaire à la suite de mon article :

« **David Vasseur** VousResponsable HSE 20 ans d'expérience professionnelle - Une valeur : le Respect de l'Homme #safety #HSE #safetymanager

Mikael Mourey Il y a un moment que je souhaitais partager un article sur votre livre... C'est fait ! »

Et voici sa réponse :

« **Mikael Mourey** relation de 1er niveau 1erVice President, Health, Safety & Security at SYSTRA - Author and international speaker

Un grand merci David ! Bon courage pour la poursuite de vos activités ! ;) »

5. PUBLIER

« Toute croissance dépend d'une activité. Il n'y a pas de développement physique ou intellectuel sans effort, et l'effort signifie le travail. »
Calvin Coolidge, 30e président des Etats-Unis

DEPASSER SES LIMITES
Je vous entends crier « ouah la la, ce n'est pas pour moi ! ».

C'est vrai que l'exercice semble difficile et peut faire peur.

Et c'est juste qu'il faut trouver une ligne éditoriale, autrement dit un style.

Mais essayons de faire quelques pas ensemble.

MES PASSIONS
Posez-vous au calme et écrivez les sujets qui vous intéressent.

D'abord les thématiques professionnelles.
En ce qui me concerne, il s'agit de la santé sécurité au travail en premier, au regard de ma profession.

Et je vais un peu plus loin en regardant mes compétences. Donc j'ajoute l'environnement, le management.

Maintenant, décrivez les loisirs.
En ce qui me concerne : la course à pied et la lecture.
Oui mais quelle lecture ? Course à pied, histoire, développement personnel, monde de l'entreprise.
Le développement personnel étant très large, je précise les sous thématiques qui sont efficacité, organisation de son temps de travail, autobiographies de grands hommes…

Ensuite, il suffit de trouver des associations entre ces différentes thématiques qui pourraient intéresser un public.

Pour moi, c'est évident de parler des livres instructifs que j'ai dévoré. Il y aura forcément un intérêt pour mon réseau et plus.

Vous allez me dire que c'est justifié pour les livres sur le développement personnel et le monde de l'entreprise, mais beaucoup moins pour les livres sur la course à pied.

Sauf que la course à pied est un sport qui comporte beaucoup d'adeptes et notamment dans les catégories socio-culturelles élevées.

AUTO CENSURE
Alors c'est juste qu'au début de mes publications, je m'efforçais de trouver un lien entre le monde professionnel et ce que peut apporter la course à pied : le sens de l'effort, la définition d'objectif, le goût du dépassement…

Mais maintenant, je n'hésite plus à partager les articles que je poste sur mon blog spécialisé Objectif-Running.com. Oui, j'assume ma passion et je fais de la publicité pour mon site.

Sinon voici un post qui a réalisé une très belle audience :
« En résumant le livre « Marathon(s) 42km195 » pour mon blog Objectif-Running.com, j'ai relu l'histoire de Jerry Fox.

Cela m'a rappelé cette photo que j'avais prise au musée des civilisations à Ottawa en 2016. Je savais qu'un jour, je lui rendrais hommage. C'est donc l'occasion de le faire dans cet article.

En 1980, Jerry Fox décide de traverser le Canada en courant un marathon par jour. Il souffre du cancer des os et a une jambe artificielle. Ce défi

est associé à une collecte d'argent. C'est le marathon de l'espoir.
Hélas, rattrapé par la maladie, il devra arrêter.

La morale de l'histoire pourrait être celle-ci. Si vous avez un but ambitieux, alors vous êtes prêt à réaliser de grandes choses. Et même si l'objectif n'est pas atteint, le résultat est toujours positif.

Dans le cas de Jerry, certes, il n'a pas fini mais il a récolté 22 millions et on parle encore de lui 40 ans plus tard.

Donc ayons en tête ces mots d'Oscar Wilde : « il faut toujours viser la Lune, car même en cas d'échec, on atterrit dans les étoiles ».

Pour en savoir un peu plus sur Jerry Fox, lisez l'article sur **Objectif-Running.com** dans la catégorie Culture Running. À tout de suite...
hashtag#developpementpersonnel
hashtag#sport   **hashtag#sportif**
hashtag#sportifs   **hashtag#sportsanté**
hashtag#running »

COMMENTER LE PRESENT
Mais je ne me limite pas aux articles ou posts sur mes lectures.

Il m'arrive de poster des textes en fonction de l'actualité ou de mes activités.

Voici un post autour d'une de mes citations préférées de Nelson Mandela :

« LE JUGEMENT DE NELSON

« Ne me jugez pas sur mes succès.
Jugez-moi sur le nombre de fois où je suis tombé et où je me suis relevé à nouveau. »
Nelson Mandela

Dernièrement, ma compagnie nous a remis un trophée sécurité parce ce que nous sommes passés de 10 accidents avec arrêt en 2015 à 1 seul en 2016. Et pourtant même si j'étais satisfait, je n'ai pas sauté de joie au plafond.

Cette attitude m'a surpris moi-même. Je me suis alors rappelé que j'avais eu la même réaction dans ma boîte précédente, lorsque nous avions décroché une certification qualité dont j'étais responsable.

Au final, ce dont je suis le plus fier dans ma carrière, c'est plutôt la manière dont j'ai réagi lorsque l'on m'a refusé une fonction supérieure à laquelle je postulais.

A chaque fois, j'ai fait le choix de... partir ailleurs pour continuer mon évolution.

En conclusion, je vous laisse méditer la phrase de Nelson Mandela ci-dessus pour juger de la qualité d'un collaborateur et retenez aussi qu'il ne tient qu'à vous de transformer un échec en opportunité de réussite. Il suffit juste de se relever et de passer à l'action.

#Mandela #Echec #développementpersonnel »

Voici un autre exemple : au moment de la crise épidémique due au Coronavirus, je ne voulais pas répéter les messages sur les gestes barrières que l'on voyait partout. Je ne voulais pas non plus faire un post pathos ou trop alarmant.

Et par chance, je suis tombé sur un documentaire télé au sujet du Docteur Semmelweis qui m'a inspiré. Vous ne connaissez pas, alors lisez ceci :

« Connaissez-vous le Dr Semmelweis ?

Il y 200 ans, ce médecin hongrois est intrigué par la différence du taux de mortalité entre 2 services de la même maternité à Vienne : 13% pour l'un et

3% pour l'autre. Il fallait mieux accoucher dans la rue !

Seule différence : le 1er service forme les étudiants en médecine et le 2nd les sages-femmes. En fait, les étudiants médecins passent de la salle d'autopsie à la salle d'accouchement et transmettent les microbes des morts aux patientes.
Parade découverte par le Dr Semmelweis : le lavage des mains ! Grâce à son protocole, il obtient un taux de mortalité de ... 0,85% !

Plus tard, Pasteur reprendra ses travaux.

Aujourd'hui, contre le Covid 19, le lavage des mains constitue aussi un geste barrière simple et efficace. Adoptons-le ! SVP, partagez ce post avec votre réseau. Prenez soin de vous.
hashtag#santé   hashtag#santépublique hashtag#safety hashtag#coronavirus »

TESTER
Et je vous encourage à explorer diverses voies. En effet, le développement personnel mène à plein de choses.

Au départ, j'ai utilisé LinkedIn plutôt pour être sollicité par des chasseurs de tête.
D'où l'intérêt personnel de présenter un profil comme il faut !

Et lorsque j'ai reçu une invitation pour un Afterwork sur LinkedIn par le cabinet Keycoopt, j'ai vu l'opportunité d'apprendre un ou deux trucs.

Et je les remercie de m'avoir appris une bonne dizaine d'astuces.

Le lendemain, je partage mon expérience avec mes collègues HSE et je découvre leur grand intérêt pour le sujet.

Il me vient l'idée de publier un post sur une astuce.

Le voici :
« Le 28 janvier, j'ai suivi un atelier Afterwork. Le sujet était...LinkedIn. 11 règles d'or à suivre pour maîtriser "la bête".

J'en partage une avec vous : personnaliser votre photo de couverture (c'est la bannière qui est derrière votre photo de profil) en utilisant CANVA.

Merci à l'équipe Keycoopt et notamment Julie Chapelle Samper ◈ Cooptation et Mobilité Interne

La conclusion de ce post est la suivante. Se former, c'est bien. Mais ne pas appliquer ce qu'on y apprend, c'est... Alors, j'ai mis en application quelques-uns des conseils pour que mon profil décolle telle une fusée. hashtag#linkedin hashtag#developpementpersonnel »

Et ce post a vraiment décollé comme une fusée en ayant plus de 2 800 vues ! Et d'ailleurs, j'avais choisi une photo de décollage de fusée pour illustrer ce post.

Et c'est ce post qui m'a donné l'idée d'écrire ce livre. Et l'image de la fusée qui m'a inspiré le titre.

Voilà, vous voyez qu'il ne faut pas avoir peur de se lancer. Et de toute manière, si vous avez écrit un article ou un post pour lequel vous estimez au final du regret, alors vous pouvez toujours le supprimer.

LAISSER LE TEMPS AU TEMPS
Le dernier conseil que je vous donne est qu'il faut prendre le juste temps de réflexion pour écrire votre article.

N'écrivez jamais sur le coup de l'émotion !

Comme je vous l'ai conseillé auparavant dans ce livre, attrapez d'abord l'idée et ensuite laissez la murir.

Formez le texte dans votre texte et dès que c'est bon, écrivez-le sur un papier ou comme une note sur votre portable ou PC.

A ce moment-là, votre post est presque prêt mais il faut le laisser au four quelques heures, 24 maxi.

Maintenant, vous pouvez sortir le plat du four et le préparer pour passer à table.
Autrement dit, relisez votre texte et n'hésitez pas à changer quelques formulations.

Corrigez les fautes de frappe et d'orthographe.
Si ce n'est déjà fait, choisissez une image libre de droit sur internet qui illustre le tout.

Saisissez le tout dans LinkedIn et découvrez le léger frisson au moment d'appuyer sur le bouton publier !

POUR ALLER PLUS LOIN

SERVICE APRES VENTE

Attention, le travail n'est pas fini.

Maintenant votre post ou votre article va vivre quelques jours d'activité intense sur LinkedIn. Autrement dit, il va défiler sous les yeux de vos contacts, des personnes qui suivent les Hashtags placés à la fin de l'article.

Certaines personnes vont juste poser un like. Ce qui est déjà bien et qui donne du poids à votre article.

En effet, plus un article plait, plus il est diffusé longtemps et largement.

Certains vont aller plus loin en mettant un commentaire.
Bien sûr, vous serez averti par une notification.
Et c'est là qu'il faut encore travailler. Au minimum, il vous suffit de mettre à votre tour un like sur le commentaire positif.

Et mieux, vous pouvez répondre au commentaire.

Cela montre à votre auditoire que vous êtes à l'écoute et vraiment soucieux d'échanges.

AUDIENCE

Et après, vous allez pouvoir consulter régulièrement l'audience de votre post.

LinkedIn vous indique aussi les fonctions, les sociétés et les régions des personnes qui ont lu votre texte.

Vous verrez que cela devient un peu addictif. En tout cas, ça l'est pour moi.

C'est pour cela que j'essaie de poster un post par semaine.

C'est un challenge personnel et c'est presque devenu un jeu.

De cette manière, je continue à apprendre comment LinkedIn fonctionne et c'est complètement en phase avec ma ligne directionnelle : partager des informations avec des personnes professionnelles que j'aurai eu peu de chance de rencontrer dans la vraie vie.

ELITE
En tout cas, si vous publiez des posts et articles, vous allez faire partie d'une minorité d'utilisateurs de LinkedIn.

En effet seuls 1% suivent cette pratique !
Autant se démarquer et foncer. Surtout qu'une fois lancé, vous verrez que cela devient facile…

Vous voyez donc l'intérêt de cette pratique.

Vous allez rejoindre l'élite LinkedIn !

6. MONTRER SON ENVIE DE CHANGER D'EMPLOI... DE MANIERE CIBLEE

« Seuls ceux qui prennent le risque d'aller trop loin peuvent découvrir jusqu'où ils peuvent aller. »
T.S.Eliot, poète, essayiste et auteur britannique

STRATEGIE OUVERTE
Il existe deux cas de figure, soit vous êtes disponible de suite pour une nouvelle opportunité professionnelle, soit vous êtes déjà en poste mais vous souhaitez changer sans que votre employeur en ait écho.

Si vous êtes disponible, il suffit de préciser dans votre titre, vous savez la section qui apparaît en premier sous votre nom, une mention du style : « à la recherche d'un nouveau challenge ».

Et en plus, il faut paramétrer votre profil de cette manière.

Rendez-vous sur votre profil en cliquant sur accueil dans la barre supérieure.

Ensuite, cliquez sur votre photo et votre profil s'ouvre.

En dessous du cadre appelé Titre, il y a un cadre qui doit mentionner ceci :
**« Indiquez aux recruteurs que vous êtes à l'écoute des opportunités d'emploi – vous contrôlez qui peut voir ceci.
Commencer »**

Allez sur commencer et laisser vous guider.
Et surtout paramétrez la visibilité pour que ce soit visible de tout le monde.

Car une personne de votre réseau qui n'est pas un recruteur peut avoir connaissance d'un besoin dans son entreprise ou ailleurs. Alors ce serait dommage de passer à côté de l'info.

STRATEGIE SECRETE
Maintenant regardons le deuxième cas de figure. Celui de quelqu'un en poste qui veut se mettre à l'écoute active du marché sans que son employeur et ses collègues le sachent.
Alors, il suffit de suivre la même procédure que précédemment mais il faut paramétrer la visibilité pour que ce soit visible uniquement des recruteurs.

Reste juste à prier que quelqu'un des ressources humaines de votre boîte n'aille pas se balader sur votre profil.

Mais cela peut être aussi stratégique car si votre employeur tient à vous, il pourrait entamer des discussions pour vous conserver avec une amélioration de votre contrat de travail à la clé.

Et il existe un dernier cas de figure. Celui de la personne qui ne veut pas changer de travail et qui n'est pas à l'écoute du marché.

Alors, il suffit de se désinscrire de cette option.

Mais malgré tout, cela n'empêche pas les recruteurs de vous solliciter, surtout si votre profil est recherché.

VII. COMMENT S'ORGANISER POUR BOOSTER SON PROFIL

« La meilleure manière de se lancer, c'est d'arrêter de parler et commencer à agir. »
Walt Disney

APPRENDRE ET APPLIQUER
A une certaine époque de ma vie, je lisais beaucoup et j'avais même pris trois abonnements dans des médiathèques autour de chez moi.

Je lisais principalement des livres d'histoire, de développement personnel, des autobiographies, des thrillers…

Et un jour, j'ai pris du recul en me demandant où tout cela me menait.

Au final, alors que je pensais évoluer, il ne se passait pas grand-chose. Ma culture générale augmentait un peu et c'est presque tout.

Finalement, j'avais le même résultat que si je restais à regarder des programmes de qualité devant la télé.

Lire, c'est bien. Mais lire et passer à l'action, c'est mieux.

Donc maintenant, j'ai pris pour habitude d'analyser après chaque lecture, ce que je peux en retirer pour ma petite personne. Et surtout quelles actions, je dois mener.

LE BALLON DE BAUDRUCHE
Pour bien comprendre, voici un autre exemple.

Votre employeur vous a peut-être déjà envoyé à une formation sur la communication, ou le développement personnel. Vous trainiez peut-être un peu les pieds.

C'est normal, on n'aime pas trop sortir de son cocon traditionnel, bousculer ses habitudes.

Au final, cette formation se révèle enthousiasmante et vous découvrez pleins d'astuces utiles pour manager vos équipes ou améliorer votre performance.
Vous êtes gonflé à bloc et à votre retour, vous échangez avec vos collègues à la machine à café.

Généralement, eux ne sont pas en phase avec votre dynamisme. Cela douche un peu vos envies.

Et au final vous replongez dans le train quotidien en reportant au lendemain les bonnes résolutions de changement.

Au bout d'une semaine, il ne reste rien et vous commencez même à oublier les promesses faites au formateur.

Vous étiez gonflé à bloc comme un ballon de baudruche. Et finalement, vous avez lâché l'affaire et vous êtes finalement dégonflé. Retour à la case départ !

PASSAGE A L'ACTION
Donc voici le moment de ce livre où vous sortez de la formation.

En effet, vous avez vu comment marcher sur deux jambes pour avancer, pour booster votre profil.

Maintenant, il va falloir passer à l'action, sinon je vous prédis quelque chose :

Il ne va rien se passer.

Votre profil LinkedIn sera toujours aussi minable.

Vous pourriez même m'en vouloir parce que vous avez acheté un livre et passer du temps pour rien.

Pourtant, il ne tient qu'à vous de changer les choses.

Et pour cela, il faut faire comme moi : passer à l'action.

C'est pourquoi, j'ai voulu aller plus loin dans ce livre et vous donner quelques trucs pour vous organiser et réussir cette étape.
Tout n'est peut-être pas bon pour vous, mais je pense que vous apprendrez des choses, du moins c'est ce que j'espère.

Allez maintenant, on continue…

1. FAIRE LE POINT

« Soyez toujours la meilleure version de vous-même plutôt qu'une version médiocre de quelqu'un d'autre. »
Judy Garland, actrice et chanteuse américaine

AUTO EVALUATION
Avant de foncer tête baissée dans les étapes de la méthode pour booster son profil LinkedIn, il faut faire le point sur votre situation professionnelle.

C'est ce que nous allons faire au cours de ces deux premiers chapitres.

Pour nous aider à déterminer nos forces et nos faiblesses, c'est utile de faire un test de personnalité.

Même si cela peut paraître rebutant, je vous invite réellement à passer par là.

Vous allez ainsi connaître vos points forts qui sont utiles pour dessiner votre avatar.

Comme vous, j'étais sceptique aussi sur les résultats de ces tests.

Mais pendant certains parcours d'embauche, pas le choix, il faut se plier à cet exercice.
C'est d'autant frustrant quand on ne vous donne pas les résultats.

TESTS DE PERSONNALITE
Et deux fois, on m'a fait passer le test Assessfirst.
C'est un test en ligne à réaliser à la maison.
Pendant ce test, il faut s'assurer de ne pas être dérangé.

Et vous recevez le résultat du test à la fin.
Et à vrai dire, j'ai été étonné par le résultat.

Cela m'a permis de mettre des mots sur mes compétences et traits de caractère car on sait que c'est difficile de faire cet exercice sur soi.

Donc je trouve intéressant de partager avec vous quelques adresses de tests de personnalité.

En effet, j'ai regardé quels autres tests étaient les plus répandus pour vous laisser le choix.

ASSESSFIRST

Voici l'adresse du site :
https://www.assessfirst.com/fr

Le test d'évaluation prend environ 10 à 15 minutes et comprend 90 questions. Attention, le test impose une limite de temps. D'où l'obligation d'être concentré, disponible et au calme.

Ce test explore vingt facettes de votre personnalité.

A la fin, vous obtenez un profil en radar et une conclusion.

PROFIL DISC

DISC pour Dominant, Influent, Stable et Consciencieux.

Vous entendrez aussi des personnes comparer leur résultat à la fin du test en évoquant des couleurs !

« Moi, je suis Rouge. Un dominant ! ».

On parle aussi du test des couleurs.

Il n'y a pas de mauvaises réponses au test. Ce test permet de savoir comment un individu communique et interagit. Donc d'optimiser ses rapports avec les autres.

Pour un entretien, cela permet d'avoir quelques clés de sa personnalité.

Sur ce site, vous pouvez faire un test gratuit : https://www.profil4.com/disc-test

Et découvrir tout ce que peut vous apporter le test des couleurs.

TEST OCEAN

Voici un test de personnalité rapide à faire et qui vous donne vos résultats par rapport à la moyenne sur 6 critères :
1. Ouvert à l'expérience (originalité)
2. Consciencieux (contrôle)
3. Extraverti (énergie)
4. Agréable dans les relations (altruisme)
5. Neuroticisme ou névrotisme (émotions négatives, nervosité)

Vous pouvez faire le test gratuitement en suivant cette adresse : http://www.psychomedia.qc.ca/tests/inventaire-cinq-facteurs-de-personnalite

TEST HEXACO

Plus complet que le test OCEAN, il reprend quelques facteurs de personnalité en le complétant de l'émotivité et l'humilité.

Il est aussi plus précis avec 25 facettes de personnalité, et donc plus long à réaliser.

Voici les 6 dimensions du test HEXACO :

- Honnêteté-humilité (et leurs contraires) ;
- Émotivité ;
- eXtraversion ;
- Agréabilité (versus colère) ;
- Consciencieusité ;
- Ouverture à l'expérience.

Voici l'adresse pour le faire gratuitement :
http://www.psychomedia.qc.ca/tests/inventaire-personnalite-hexaco

TEST DES 16 PERSONNALITES

C'est un test populaire et très complet.
Il évalue ce vers quoi vous orientez votre énergie, la manière dont vous cherchez les informations, comment vous prenez les décisions et la façon dont vous abordez le monde qui vous entoure.

Ce test vous classe parmi l'un des 4 rôles suivants :
- Analyste
- Diplomate
- Sentinelle
- Explorateur

Et il mixe avec 4 stratégies :
- Individualisme confiant
- Maîtrise des personnes
- Amélioration constante
- Engagement social

La couche rôle détermine nos objectifs, nos intérêts et nos activités préférées.
La couche stratégie montre nos façons préférées de faire les choses.

Selon ce test, j'appartiens à 3% de la population car je suis Commandant. GARDE A VOUS !

Voici le lien pour faire le test et en savoir plus :
https://www.16personalities.com/

TEST DE LA BOUSSOLE

Il ne s'agit pas de trouver le nord mais plutôt vos forces pour votre carrière selon 4 facteurs :
- Gestion
- Stratégie

- Créativité
- Opération

Le test est rapide. Il faut attendre pour recevoir le résultat par mail.
Cela prend un peu de temps mais vous recevez un message personnalisé de ce type :

« Votre talent d'or :

D'après vos réponses au questionnaire votre talent d'or se caractériserait par votre capacité à élaborer rapidement une vision stratégique. Vous allez toujours droit au but avec optimisme et êtes par conséquent un moteur précieux du changement.

Vous savez flairer les bonnes tendances, êtes toujours au fait des dernières technologies et avez mille et une idées à la seconde. De plus, vous avez une grande ambition et parfois l'âme d'un aventurier. On peut donc compter sur vous pour agir en tant que leader d'innovations et conquérir de nouveaux marchés.

On apprécie votre détermination, vos visions parfois idéalistes, votre émerveillement face à la nouveauté, votre sens des priorités et votre rapidité à prendre des décisions car vous faites figure de pionnier.

Si cette description vous semble plutôt naturelle, c'est une très bonne chose. Cela signifie qu'elle est pertinente et qu'il s'agit très probablement de votre talent d'or. Maintenant, tout votre challenge est de prendre conscience que pour plus de 90% de l'humanité, ces capacités ne sont pas du tout naturelles, ni évidentes. La plupart des personnes n'ont pas un sens de l'anticipation autant développé que vous David. Elles n'ont pas autant de capacités à s'adapter au changement, ni l'exigence et l'ambition que vous pouvez avoir. Affirmez donc fièrement qui vous êtes.

...

Concrètement, vous devriez sans doute exercer un métier où vous avez une très grande liberté. Entrepreneur peut potentiellement être votre job idéal. Si ce n'est pas le cas, il vous faut être sur un poste où vous serez confronté à des défis complexes et où vous devrez concevoir tous les jours de nouvelles solutions. Plus vous pourrez créer et laisser libre cours à votre inventivité, plus vous vous épanouirez.

En résumé :

Si vous ne deviez retenir que trois qualités et les défendre en entretien, vous pourriez sans doute affirmer avec confiance que vous êtes :

- novateur
- ambitieux
- rapide »

Pas mal non ?

Et vous, vers quel point cardinal penchez-vous ?
https://boussole.wake-up.io/

TESTS DE PERSONNALITE : CONCLUSION

Comme moi, vous serez surpris que les conclusions des différents tests se recoupent.

C'est donc intéressant de les réaliser.

Et surtout, j'y vois l'intérêt qu'ils peuvent apporter pour compléter votre profil Linkedin et aussi pour préparer un entretien.

Cela évite d'aller chercher des qualités et défauts bateau dans une liste trouvée sur internet, mais bien d'avoir quelque chose de personnel.

Sachant qu'une qualité peut être vue comme défaut.
En ce qui me concerne, les tests disent que je suis ambitieux. Et c'est vrai.
Ils présentent ce caractère comme une qualité.

Mais l'ambition peut aussi être un défaut.

Dans ma carrière professionnelle, j'ai changé d'employeur au bout d'un an seulement !
Cette instabilité s'explique par certains facteurs de circonstances externes mais surtout à cause de mon ambition, de ma volonté d'évolution.

Lors de l'entretien, j'ai pu dérouler le fil de cette explication lorsque nous avons abordé mes défauts, en présentant l'ambition et l'impatience comme deux de mes défauts réels.

Finalement l'ensemble apparaît cohérent et montre un vrai travail d'analyse sur soi.

Vous aussi, vous pouvez réaliser cela mais auparavant, il faut bien se connaitre.

Et pour revenir à l'avatar Linkedin que vous allez dessiner, cela permet d'être dans le vrai.
Ce sera un vrai jumeau de vous-même. Et non un sosie raté !

2. SE FIXER UN CAP

« Se fixer un objectif vague est comme entrer dans un restaurant et dire : « j'ai faim. Je veux quelque chose à manger. » La faim continue de vous tenailler jusqu'à ce que vous commandiez quelque chose de précis. »
Steve Pavlina, auteur de *Personal development for smart people*

OBJECTIF
Dans mes cours à Polytech, à mes étudiants ou lorsque je prends un nouveau poste, j'aime bien raconter cette histoire à mes nouveaux collègues.

En tant que Responsable Hygiène Sécurité Environnement, il y a un écueil à éviter. Celui de naviguer sans cap.

En effet, c'est très facile de se laisser porter par les courants en fonction de l'actualité HSE du moment, c'est-à-dire de la réglementation et des demandes internes sur telle ou telle problématique comme le travail sur écran ou le bruit dans tel atelier…

Et je ne parle même pas des tempêtes qui arrivent lorsqu'il vient de se produire un accident.

En travaillant de cette manière, il y a de quoi s'occuper tout le temps, toute l'année. On a même l'impression de faire du bon travail. Et pourtant…

Et pourtant, les résultats ne sont pas là. Le mécontentement général subsiste. On n'en fait jamais assez. Et le nombre d'accident ne diminue pas.

Donc au bout de quelques années, il y a de fortes chances que le bateau s'arrête. Zéro jus. Zéro force.

On a couru comme un poulet sans tête dans tous les sens. On s'est vidé de son sang et d'un seul coup, stop !

Pour éviter cela, il faut se fixer un cap et s'y tenir.

Cela permet d'avoir une direction et d'emmener les équipes. Même si le projet est ambitieux.

Et à ce moment-là, je fais appel à mon cher Christophe Colomb.
Je raconte que Christophe Colomb avait mis le cap sur les Indes et il a échoué.
Il n'a pas trouvé les Indes, mais ce qu'il a trouvé valait tout de même le coup : Les Amériques !

TOUJOURS GAGNANT
Conclusion, en se fixant un cap, soit on arrive à destination, soit on n'y arrive pas mais on aura fait du chemin.

Se fixer un cap, c'est donc définir un ou des objectifs. Par exemple pour moi, atteindre un niveau équivalent au zéro accident.

Pour cela, j'analyse la situation actuelle et j'estime combien de temps il faudrait pour y arriver : un an, deux ans ?

Et ensuite, je détermine les étapes qu'il faut réaliser pour y arriver :
- réviser le document unique,
- déterminer les 5 tops risques du site,
- écrire un plan spécifique par risque du top 5
- développer des formations HSE,
- etc...

C'est le programme HSE. Et comme je dis, c'est comme une partition de musique d'un orchestre. C'est la musique que nous allons jouer tous ensemble, avec à la baguette le Directeur de site et comme premier violon son Responsable HSE.

TROIS QUESTIONS POUR DEFINIR UN CAP

Maintenant que vous avez vu à travers ces exemples l'intérêt de suivre cette démarche, appliquons-le à notre mission : booster notre profil LinkedIn.

C'est notre cap. Enfin presque…

Il manque juste un délai.

En combien de temps voulez-vous y arriver ?

La réponse n'est jamais évidente.

D'où je pars ?
Combien de temps puis y consacrer tous les jours ?
Quelles sont les étapes à suivre ?

Aux deux premières questions, c'est vous qui avez les réponses et elles sont personnelles.

DELAI
Concernant le délai, il faut tout de même être raisonnable dans les deux sens.
C'est-à-dire ne pas être trop optimiste.

Si vous me dites une semaine, alors que vous êtes en activité et que vous avez des tâches familiales à réaliser, alors c'est incorrect.

Et si vous me dites 6 mois, je peux vous prédire que vous n'irez pas au bout.

Entre un mois et trois mois. Voilà ce qu'il faut pour booster votre profil.

ECRIRE SON PROGRAMME
Par contre pour les étapes, je peux vous aider.

En fait, je vous les ai déjà données. Car il s'agit de tout ce que nous avons vu avant.

Et elles s'enchaînent dans l'ordre chronologique.

Alors prenez cette liste dans un tableur et copier les étapes dans la même colonne, soit une étape par ligne :

1. Test de personnalité
2. Trois questions pour définir un cap
3. Choisir son titre
4. Choisir sa photo de profil
5. Choisir sa photo de couverture
6. Donner ses coordonnées
7. Raconter sa vie en résumé
8. Etaler ses expériences
9. Vendre ses compétences
10. Obtenir une recommandation
11. Simplifier votre lien
12. Choisir des réalisations
13. Vérifier l'orthographe et grammaire
14. Choisir un hashtag pour son titre
15. Publier son profil – Fin Jambe droite
16. Etendre son réseau (règle des 5)
17. Aimer des posts (règle des 5)

18. Commenter des posts (règle des 5) 🍅

19. Partager des posts (règle des 5) 🍅
20. Trouver une idée de post par semaine à écrire (règle des 5) 🍅
21. Rédiger un post par semaine (règle des 5) 🍅
22. Paramétrer son profil par rapport aux recruteurs 🍅

Pour chaque étape, je vous ai indiqué une notion de temps en utilisant des minuteurs pomodoro (voir l'utilisation au chapitre suivant) :

- 🍅 = peu de temps
- 🍅🍅 = temps moyen
- 🍅🍅🍅 = temps long

Maintenant, définissez un calendrier sur les colonnes.
En fonction de votre délai butoir, choisissez l'échelle : soit des jours ou des semaines.

Prenez la dernière étape et votre délai butoir et mettez une croix.
Ensuite remontez le temps en mettant une croix ou des croix pour chaque étape.
Un jour ou une semaine peut comporter plusieurs croix, mais attention à ne pas être trop ambitieux !
Lorsque vous arrivez à l'étape du test de personnalité, vous devez être à la date d'aujourd'hui.

Contrôlez que votre planning est bien équilibré.
Ajouter une date de mise à jour.
Et voilà votre partition de musique à suivre.

GARDER LE RYTHME
Suivez là.
Prendre de l'avance, ce n'est pas grave. Mais prendre du retard, c'est mal et il faut essayer de le combler.

Faites comme si la date est immuable et qu'il s'agit de vie ou de mort.
Même si vous prenez du retard, vous allez réussir car vous allez être victime de la loi de Parkinson.

Cette loi est due à un écrivain britannique, Cyril N. Parkinson.
Selon la loi de Parkinson, même si vous disposez d'un délai important pour accomplir une tâche, vous aurez tendance à consumer la totalité du temps imparti.

En clair, si vous avez un délai d'une semaine pour réaliser une tâche, vous mettrez une semaine. Mais si vous disposez d'un délai de deux semaines pour la même tâche, vous mettrez deux semaines pour l'accomplir !

Donc si vous vous rapprochez de votre date butoir et que vous êtes en retard sur votre planning, vous allez réussir à tenir l'engagement que vous avez pris.

Comment est-ce possible ? Vous allez peut-être prendre des raccourcis et surtout vous allez à l'essentiel.
Ce qui compte, ce n'est pas la quantité de temps mais la qualité du travail produit.

Bien sûr, cette loi a des limites et il impossible d'accomplir un nombre démesuré de tâches en trop peu de temps !

3. PRATIQUER LE POMODORO

« Gouvernez votre esprit ou c'est lui qui vous gouvernera. »
Horace, poète latin

MONOTACHE
Voici un débat qui peut naître entre ceux qui jurent pouvoir accomplir plusieurs choses à la fois et ceux qui conseillent de se concentrer sur une action à la fois.

Ce débat, je vais le tuer tout de suite en vous conseillant d'opter pour la seconde option.

Lorsque vous allez travailler sur votre profil LinkedIn, ne vous laissez pas distraire par une vidéo, un appel téléphonique, ni même un pop-up qui vous annonce l'arrivée d'un mail.
Et oui, même un pop-up qui annonce un mail ! Car vous n'avez plus qu'une envie grandissante : aller ouvrir ce mail !

D'ailleurs, à titre personnel, je vous conseille de décocher cette option et d'aller relever vos mails comme on relève le courrier dans sa boîte aux lettres, c'est-à-dire quand vous le décidez. Cela peut-être plusieurs par jour mais pas toutes les 5 minutes ! Sinon, à la fin de la journée, vous observerez que vous n'avez pas fait grand-chose à part consulter et répondre aux mails.

C'est prouvé : le cerveau est incapable de faire plusieurs choses à la fois. Passer d'une tâche à l'autre demande à chaque fois, un nouvel effort de concentration et de ré mémorisation.
C'est comme si on lisait deux livres en même temps, et qu'à chaque changement de livre, il fallait repartir du début !

Maintenant que nous avons vu qu'il est important de se concentrer sur notre sujet pour être efficace, on peut se demander s'il y a une durée optimale ?

DUREE DE TRAVAIL
En tout cas, il y a une technique optimale : la méthode pomodoro.
Il s'agit de fractionner son temps de travail en intervalles courts et intenses.
Concrètement, au lieu de travailler deux heures de suite, on travaille 25 minutes et on fait une pause de 5 minutes. Ensuite, on reprend.

Pomodoro signifie tomate en italien et cette méthode a été inventée par Francesco Cirillo. Et le terme pomodoro vient des minuteurs de cuisine qui ont une forme de tomate.

Aujourd'hui, inutile d'aller acheter un minuteur en forme de tomate et de le poser sur votre bureau. Cela risquerait d'inquiéter votre entourage sur votre état mental !
Mais il y a de base une fonction minuteur ou alarme sur votre smartphone.

Donc en conclusion, pour être efficace dans la (re)construction de votre profil, il faut se concentrer sur une tâche définie pendant 25 minutes.

En observant cette méthode, vous serez étonné des résultats accomplis et au fur et à mesure, vous allez avancer dans votre programme LinkedIn.

Muscler la jambe droite, c'est-à-dire développer ou réviser votre profil va demander plus de temps que muscler votre jambe gauche (être actif sur LinkedIn).

Donc le pomodoro s'applique plutôt à la première partie du programme LinkedIn.

4. VISEZ LE PARETO

« Si vous lancez la première version de votre produit sans avoir honte, c'est que vous l'avez lancée trop tard. »
Reid Hoffman, fondateur de LinkedIn

RENDRE PUBLIC SON PROFIL
Quand allez-vous pouvoir rendre public votre profil sur Linkedin ?
Faut-il attendre d'avoir complètement fini ?

J'aurais tendance à répondre que non.

Dans mon expérience professionnelle, j'ai observé des personnes perfectionnistes qui voulaient absolument rendre un travail parfait.

Si c'était louable, ce n'était pas très productif parce que ces personnes reportent sans cesse leur délai de rendu.

Alors, oui, si vous avez l'impression que vous pouvez encore améliorer certains champs de votre profil et que vous avez accompli 20% du travail, publiez tout de même.

C'est que j'appelle : viser le Pareto. 20% des causes engendrent 80% d'effets.

Cette méthode permet d'amplifier votre engagement.

PEAUFINER
A partir du moment où votre avatar se dessine et qu'il est en ligne, il faut continuer à l'embellir.

Si je prends l'image du dessin. Votre avatar ressemblera à une silhouette tracée au crayon noir.

Et par la suite, vous ajouterez de la couleur et quelques détails.

En effet, sur LinkedIn comme sur Facebook, vous pouvez modifier tel ou tel champ quand vous le décidez.

Et en agissant ainsi, vous aller commencer à avoir des interactions avec d'autres utilisateurs. Ce qui va vous mettre en jambe pour la partie concernant la jambe gauche.

Concernant les recruteurs, si vous avez peur de leur montrer un profil inachevé, je tiens à vous rassurer.
Systématiquement, un recruteur qui vous contacte, va vous demander un CV.

Dans la partie suivante, voyons comment avancer en suivant un rythme qui permet justement de ne pas laisser un profil trop longtemps en mode chantier, c'est-à-dire en phase de construction !

5. DEVELOPPER UNE HABITUDE

« Nous sommes ce que nous faisons de façon répétée. Par conséquent, l'excellence n'est pas une action, mais une habitude. »
Will Durant, Historien américain

30 JOURS
On dit qu'il faut 30 jours pour développer une habitude.

Qu'est-ce qu'une habitude ?
C'est une action que l'on répète régulièrement au même moment de la journée ou de la semaine. C'est une routine qui devient une sorte d'automatisme.

Une habitude peut être journalière ou hebdomadaire.

C'est ce que vous avez développé le matin lorsque vous vous réveillez. Refaites le schéma de vos habitudes matinales…

Que faites-vous en premier chaque jour ? Et ensuite ? Et encore après ?

Vous voyez que vous savez développer des habitudes.

Ce qui est fort dans les habitudes, c'est que des petits gestes peuvent avoir de grands effets en vertu du pouvoir de l'accumulation.

PETIT GESTE HABITUEL ET GRANDE CONSEQUENCE
Vous ne me croyez pas ?
Voici une façon de maigrir qui fonctionne et qui tient en quelques phrases…

Chaque jour, diminuez votre ration quotidienne de 10%.
10%, ce n'est pas grand-chose !

Comment faire ? Par exemple, prenez votre bol de céréales rempli à l'ordinaire. Pesez le contenu pour en retirer environ 10% et remettez les 90% restant dans le bol. Vous voyez que le niveau n'a pas beaucoup diminué. Mémorisez le niveau pour les jours suivants.

Faites ainsi pour tous les plats dont vous êtes maître des quantités.

C'est un régime qui n'entraîne pas de privation puisque vous continuez à manger de tout et tout ce que vous aviez l'habitude de manger. Sans mal, ni douleur !

Au bout d'un mois, vous avez un premier résultat. Au bout de trois mois, vous serez surpris !

Attention, l'inverse est vrai aussi, augmentez de 10% les rations quotidiennes et les kilos s'empileront au fur et à mesure des mois… sans vous en rendre compte !

Maintenant abandonnons le programme minceur et revenons à notre programme LinkedIn.

CHOISIR UN CRENEAU
Il s'agit de dégager du temps dans notre agenda pour opérer les différentes actions de notre programme.

Il faut donc déterminer le meilleur créneau en sachant qu'il faut y consacrer au minimum 25 minutes : soir, matin, midi ?

Comme je le disais plus haut, ce créneau n'est pas forcément journalier. Il peut s'agir de 3 créneaux dans la semaine : par exemple : lundi, mercredi, jeudi de 20h30 à 21h00.

Exceptionnellement, si je commets une entorse sur un créneau, alors je fais tout pour le rattraper à un autre moment.

Choisissez votre rythme sans être trop minimaliste car un seul créneau hebdomadaire risque de vous mener trop loin et de vous décourager par manque de résultat.

6. REVISER SA JAMBE DROITE

« Ce n'est pas l'espèce la plus forte qui survit, ni la plus intelligente, mais la plus adaptable. »
Charles Darwin, naturaliste

Félicitations !
Vous y êtes arrivé.

Votre profil LinkedIn tient la route et vous faites partie des utilisateurs actifs.

Nul doute que cela va finir par payer ! Bientôt le moment de passer à la caisse pour rafler la mise !

Selon vos objectifs, votre profil est plus attrayant pour les recruteurs, ou vos clients ou vos pairs.

Vous êtes un aimant, voire un micro influenceur.

Et la vie professionnelle continue. Votre carrière évolue. Vos besoins LinkedIn aussi.

Il y a des moments d'écoute active du marché ou au contraire de veille.

Alors il faut faire évoluer votre profil en conséquence.

N'oubliez pas que vous avez construit votre double moi sur le numérique.

Si vous indiquez être en recherche active, alors cela doit être le cas.

Au contraire, si vous vous mettez en statut « recherche active » et que votre profil LinkedIn n'est pas à jour avec votre dernière expérience professionnelle, ce n'est pas sérieux !

Donc régulièrement, il faut réviser sa jambe droite, c'est-à-dire le contenu de son profil.

Et j'ajouterai qu'il faut aussi maintenir sa jambe gauche en éveil pour éviter l'engourdissement.

Même si vous êtes moins actif à un moment de l'année ou pendant les vacances, assurez le service minimum.
Consultez vos notifications.
Acceptez les nouvelles demandes d'invitation en suivant votre charte personnelle.
Likez quelques posts.

VIII. LES ERREURS A FAIRE POUR SE CRASHER

« Je n'ai pas échoué. J'ai juste trouvé 10 000 solutions qui ne fonctionnent pas. »
Thomas Edison, inventeur

Il ne s'agit pas de prendre ici le négatif des bonnes pratiques que nous avons vu auparavant, mais de recenser certaines choses qui sont préjudiciables à votre utilisation de Linkedin.

PROFIL FANTOME
Rappelez-vous que vous avez créé à un moment donné, un avatar de vous.
Cet avatar reste le même si vous ne le mettez pas à jour.

Donc voici ce qui peut se produire au bout de quelques temps, votre avatar ne vous ressemble plus !
C'est un fantôme. Il erre sur le réseau en propageant une fausse image de vous-même.

Après tout ce n'est pas grave si vous n'êtes pas en recherche active d'un nouveau challenge professionnelle.

Dans le cas contraire, cela risque de montrer un déphasage entre votre profil et votre CV. Donc de semer un trouble.

MAUVAIS PARAMETRAGES
Votre réseau n'a pas besoin de savoir en temps réel chaque modification que vous apportez à votre profil et qui n'ont pas beaucoup de valeur ajouté.

Je vous conseille donc d'aller sur votre profil et de cliquer sur **Préférences**, puis sur **Confidentialité**.

A la section **Comment les autres voient votre activité sur LinkedIn**, il faut basculer le bouton sur **Non**.

De cette manière, votre réseau ne saura pas vos changements de poste, vos nouvelles formations et anniversaire professionnels.

Je pense qu'il arrive à vivre sans. Mais si vous y trouvez un intérêt, laisser ce paramétrage actif.

Et d'une manière générale, je vous invite à vérifier tous les choix de paramétrages dans **Préférences.**

REAGIR A CHAUD
Je fais une exception en répétant encore cet avertissement.

Linkedin est un réseau professionnel et il ne faut s'y comporter comme on le fait sur Twitter ou Facebook.

Les réactions spontanées et non contrôlées sont à bannir.

Pour respecter cela, il suffit de vous mettre dans cet état d'esprit.

Lorsque vous vous connectez à Linkedin, c'est comme si vous étiez au travail.

Oseriez-vous crier sur votre boss ?
Ou vous prendre la tête avec tous vos collègues ?

Oseriez-vous passer pour quelqu'un qui perd son sang froid ? Parlez-vous ouvertement de politique au travail ?

La réponse à chacune de ces questions est non.

Alors pourquoi vous le permettre derrière un écran ?
Pensez à l'effet de levier que cela peut avoir !
Et même aux répercussions dans votre boite !

A titre d'illustration, voici une anecdote tragique qui concerne le pouvoir des réseaux sociaux.

Une femme est en arrêt maladie pendant une longue période pour dépression.

Et un jour, elle remonte la pente et revient au travail.
A peine, rentrée, elle est convoquée aux RH et menacée de licenciement !

Pourquoi ?
Pendant son arrêt, elle avait posté des photos de vacances sur Facebook !
Des personnes de l'usine avaient gentiment fait remonter l'information à la Direction.
Vous voyez le style :
- « Pendant qu'on bosse dur, il y a des malades qui se la coulent douce sous les cocotiers ! »

Seulement, voici la « vraie vérité ».
Oui, il s'agissait bien de photos de vacances. Mais ces photos avaient été prises un an avant !
Et cette femme avait décidé de poster ces bons souvenirs sur Facebook pour se remonter le moral, qu'elle avait au plus bas !

Attention à la puissance des réseaux sociaux.
Cela fonctionne dans les deux sens !
CQFD.

www.ingramcontent.com/pod-product-compliance
Lightning Source LLC
Chambersburg PA
CBHW071416210526
45465CB00001B/407